L'ANALYSE TECHNIQUE AUJOURD'HUI

la méthode ATDMF

L'ANALYSE TECHNIQUE AUJOURD'HUI

la méthode ATDMF

Philippe CAHEN

Préface de Franck ROUGEOT

ECONOMICA
49, rue Héricart, 75015 Paris

Remerciements

À la société Prorealtime[1] *qui m'a autorisé à reproduire les graphiques provenant du module ATDMF disponible sur leur logiciel. Tous les indicateurs sont utilisés avec la configuration standard du module ATDMF.*

À Daniel Boukerche et Serge Marragou qui, par leurs critiques portées sur le manuscrit original, l'ont rendu publiable. Je n'oublie pas Cédric Rabemahefa qui m'a facilité la vie grâce à ses conseils en informatique et Franck Rougeot qui a accepté d'écrire la préface après avoir annoté la première version.

1. http://www.Prorealtime.com

Préface

En quelques années, l'analyse technique est devenue indispensable à la bonne compréhension des marchés et des opérations boursières.

Les investisseurs cherchent de plus en plus à établir une méthode à partir d'indicateurs afin d'essayer de prendre des positions gagnantes.

Les marchés sont de plus en plus rapides et il est difficile d'interpréter les signaux.

L'ATDMF, méthode d'analyse technique inventée par Philippe Cahen en 1993, est originale, rigoureuse et pragmatique.

Je la pratique depuis quelques années et je dois dire que cette méthode m'a apporté la clé de ce que je cherchais depuis mon entrée dans le monde de la bourse en 1998.

Elle est remarquable sous plusieurs aspects : l'ATDMF permet de lire les graphiques et de déterminer le sens de la tendance ainsi que les objectifs.

Elle prend en compte la volatilité du marché et permet donc de gérer les entrées et les sorties de position. Facile à maîtriser, elle s'adapte sur tous les marchés et sur n'importe quel horizon de temps. Elle convient donc au Day Trader mais aussi aux investisseurs court, moyen et long terme.

Elle permet surtout de réaliser l'opération boursière « au bon moment » (dans 80 % des cas en moyenne) ce qui est capital.

Les prises de position dans les marchés sans tendance sont enfin évitées, ce qui est primordial.

Bonne lecture

Franck Rougeot
Ex-trader NIP au Palais Brongniart
Responsable commercial France chez ProRealTime

Glossaire et abréviations

Actif financier

Il existe quatre types d'actifs financiers : taux d'intérêt, devises, actions/indices et matières premières. En ATDMF nous n'avons pas de préférence pour l'un ou l'autre de ces types. Nous privilégions celui qui a le potentiel de fluctuation le plus important.

Analyse d'opportunité

Analyse utilisée pour détecter l'entrée, la gestion et la sortie de position.

Analyse économique

Sert à rechercher le type d'actif qui présente le potentiel de fluctuations le plus important. Sert à observer si des changements de politique économique sont pris en compte par les opérateurs. Permet d'observer les relations inter-marchés.

ATDMF

Analyse technique dynamique des marchés financiers. Analyse de type systémique mise au point en 1993 par Philippe Cahen. La version 2011 est la version actuelle. Elle se caractérise par le rôle des informations exceptionnelles positives et négatives (IEP et IEN). Elle permet de prendre position au début des mouvements puissants et de sortir lorsque le potentiel de fluctuations se termine.

ATM

Analyse technique management. C'est l'utilisation du bon indicateur au bon moment car aucun indicateur n'est d'usage universel. Dans le cas contraire, il s'agirait d'une martingale.

Les indicateurs utilisés sont le stochastique, le MACD et les moyennes mobiles arithmétiques à 7 et 23 périodes.

Bandes de Bollinger

Composées d'une bande supérieure qui est calculée en ajoutant deux écarts types à une moyenne mobile calculée sur vingt périodes et d'une bande inférieure qui est calculée en retranchant deux écarts types à la moyenne mobile de Bollinger. La lettre U est utilisée pour désigner la bande supérieure de Bollinger et la lettre L désigne la bande inférieure de Bollinger. La moyenne mobile se note M.

La moyenne mobile de Bollinger est une moyenne arithmétique sur 20 périodes d'un cours moyen qui tient compte du plus haut, plus bas et clôture.

Bulle

Figure spécifique de l'ATDMF formée par les bandes de Bollinger dans un marché à forte tendance. Cette représentation est utilisée pour gérer et sortir de position. Elle se caractérise par une divergence des bandes de Bollinger suivie par une phase de plateau puis une convergence des bandes.

IEN

Information Exceptionnelle Négative. Sa présence dans une analyse d'opportunité nécessite d'arrêter l'analyse en cours. Son apparition une fois la position prise doit conduire à une sortie immédiate de la position prise. Sa présence dans une analyse économique doit mener à minorer les objectifs. Les IEN sont dues à des signaux contradictoires ou à l'absence de certaines informations qui justifient de prendre position.

IEP

Information Exceptionnelle Positive. Information qui permet d'anticiper un mouvement puissant sur un actif analysé. Il existe deux types d'IEP : celles observées sur la volatilité et celles observées sur les indicateurs techniques (ATM et ceux de supports/résistances). Les IEP ne sont pas les mêmes selon l'actif traité et le statut de l'opérateur.

IEP type I, II ou III

Concernent uniquement les IEP sur le parabolique.

Indicateurs de supports/résistances

Le parabolique et les bandes de Bollinger forment cette classe d'indicateurs.

LX

Il s'agit d'un support ou d'une résistance formée par la bande inférieure de Bollinger (L = Low).

X représente l'unité de temps.

Exemple : LM est la bande inférieure de Bollinger sur un graphique mensuel, LW sur un graphique hebdomadaire, etc.

MACD

Moving Average Convergence Divergence. Cet indicateur est formé de deux moyennes mobiles exponentielles (le MACD et son Signal). Le MACD est un indicateur de puissance intermédiaire parmi ceux utilisés en ATM. Les paramètres utilisés en ATDMF sont 19,9, et 6 au lieu de 26,12 et 9 utilisés en analyse technique classique.

Moyennes mobiles (7 et 23)

Moyennes mobiles de type arithmétique. C'est l'anticipation de leur non-croisement qui permet d'obtenir avec l'ATDMF 2011 des résultats stupéfiants.

MX

Il s'agit d'un support ou d'une résistance formée par la moyenne mobile (M) de Bollinger.

X représente l'unité de temps.

Exemple : MM est la moyenne mobile de Bollinger sur un graphique mensuel.

Non-croisement

Clef de voûte de l'ATDMF 2011. Il s'agit de non-croisements observés entre les cours et un indicateur technique, entre deux indicateurs techniques, entre un indicateur et sa moyenne mobile. Selon le statut de l'opérateur, un nombre variable de non-croisements est requis pour pouvoir prendre position. De nombreuses IEP sont dues aux non-croisements.

Parabolique

Cet indicateur particulièrement fiable est calculé à partir d'une moyenne mobile exponentielle. Dans la formule, un coefficient a été ajouté pour réinitialiser la valeur de la moyenne mobile lorsque les cours traversent le parabolique. Cet indicateur est particulièrement efficace lorsque la tendance sur les cours est puissante. Bon anticipateur en présence d'IEP.

Parallèle

Figure formée par les bandes de Bollinger dans un marché à forte tendance. À la suite d'une divergence des bandes de Bollinger, les deux bandes deviennent parallèles. Permet de gérer et de sortir de position. En présence de parallèles, le mouvement attendu sur les cours est toujours puissant.

Période

Durée unitaire pendant laquelle les variations de cours sont observées. Elle varie de quelques secondes à une année. Le choix se fait en fonction de la durée pendant laquelle l'opérateur souhaite rester en position (analyse d'opportunité). Pour une analyse économique, toutes les unités de temps sont analysées en débutant par la plus longue (année) et en descendant jusqu'à l'unité de temps quotidienne.

Petit point

Représente un bar-chart pour lequel une seule cotation est observée durant une période. Cours d'ouverture = plus haut = plus bas = clôture.

PX

Il s'agit d'un support ou d'une résistance formée par le parabolique (P). X représente l'unité de temps.

Exemple : PM est le parabolique sur un graphique mensuel.

Reclassement

Variation de la volatilité durant une prise de position. Si une diminution de la volatilité est observée, la position en cours doit être soldée. Si une hausse de la volatilité est observée, la position sera gérée selon les critères utilisés avec les parallèles.

Statut de l'opérateur

Permet de qualifier le niveau de risque pris. Un opérateur est soit débutant soit confirmé. Les experts sont des opérateurs qui travaillent en intra-day.

Le nombre d'IEP nécessaire pour qu'un opérateur débutant puisse prendre une position est plus important que pour un opérateur confirmé. Les gains seront plus réguliers pour un opérateur débutant mais le nombre d'opérations et l'accès à différents marchés seront limités.

Support/résistance

En ATDMF, les objectifs que sont les supports, dans un marché baissier, et les résistances, dans un marché haussier, ne sont pas fixes. Ceci permet de profiter d'une grande partie des mouvements. Les supports et résistances sont constitués par le parabolique et les bandes de Bollinger.

T0

Dernier bar-chart à l'intérieur des bandes de Bollinger lorsque la volatilité est minimale ou de référence.

T1

Première clôture à l'extérieur d'une bande de Bollinger en présence d'une dynamique de chaque bande de Bollinger à la suite d'un T0, d'IEP (s) et de l'absence d'IEN.

T2

Période suivant T1. Se caractérise par un plus haut dans un marché haussier ou d'un plus bas dans un marché baissier. C'est durant un T2 que l'opérateur prend position.

Tendances

En ATDMF un marché se trouve dans trois états possibles : sans, faible ou forte tendance. Pour chacune de ces tendances, un indicateur doit être privilégié pour la gestion. Nous n'utilisons donc pas le même indicateur pour entrer et sortir de position car nous prenons position dans un marché sans tendance et sortons à la fin d'une tendance forte.

Triptyque (nouveau)

Ensemble de graphiques permettant à l'analyste de mesurer le potentiel de fluctuations de cours et la durée du mouvement, et à l'opérateur d'entrer, gérer et sortir de position. Il est composé de deux parties :

– trois colonnes permettant une analyse de la durée et de l'amplitude envisageables. Chaque colonne est subdivisée en quatre parties pour analyser la volatilité et la présence ou l'absence d'IEP et d'IEN sur les indicateurs de l'ATM ;

– un historique de la volatilité.

Unité de temps

Trois unités de temps coexistent dans un triptyque :

– principale : l'horizon de temps le plus éloigné ;

– majeure : unité de temps inférieure à la principale. C'est celle sur laquelle l'opérateur travaille (analyse d'opportunité) ;

– contrôle : unité de temps inférieure à l'unité de temps majeure. Est utilisée pour gérer le stop-loss.

Une lettre indique la durée : Y = année, Q = trimestre, M = mois, W = semaine ; D = jour, H = heure, un nombre pour désigner le nombre de minutes.

UX

Il s'agit d'un support ou d'une résistance formée par la bande supérieure de Bollinger.

X représente l'unité de temps.

Exemple : UM est la bande supérieure de Bollinger sur un graphique mensuel.

Volatilité

Écartement des bandes de Bollinger. Les bandes de Bollinger évoluent entre un écartement minimal et maximal. L'ATDMF repose sur l'idée qu'un mouvement de hausse ou de baisse sur un actif financier est fonction du potentiel de hausse de la volatilité. Pour pouvoir prendre position, il est nécessaire que la volatilité soit minimale (écartement minimum des bandes de Bollinger) ou de référence (écartement supérieur au niveau minimal mais pour lequel des mouvements puissants ont été observés).

Tableaux récapitulatifs des IEP/IEN

Analyse économique : la présence d'information exceptionnelle positive (IEP) provoque un renforcement des objectifs dans le sens de la tendance principale. La présence d'information exceptionnelle négative (IEN) provoque une diminution/inversement de la tendance principale.

Analyse d'opportunité : la détection d'une IEN implique l'abandon de l'analyse.

	IEP	IEN	page
IEN – IEP même unité de temps			
ATM absence IEP		*	15
Divergence Année/trimestre/mois	*		69
MACD non-croisement	*		95
Moyennes mobiles non-croisement	*		98
Moyennes mobiles croisement type B		*	73
Moyenne mobile sens opposé sur unité de temps sup.		*	99
Stochastique non-croisements	*		94
Stochastique/MACD en sens opposé		*	97
État surachеté/surverndu MACD avant stochastique	*		97
T1 volat. mini. réf. + stochastique non suracheté/survendu	*		37
Baisse volatilité T2 ⇒ T4 (unité majeure)		*	92
Dynamique bande opposée arrêt avant T5		*	144
Dynamique bande opposée poursuite après T8	*		145
Objectif extérieur bande de Bollinger	*		115
Changement parabolique en T1	*		113
Parabolique croise Moyenne de Bollinger (type I)	*		100
Parabolique croise Moyenne de Bollinger (type II)	*		101
Non-croisement cours et parabolique (type III)	*		103
T1/T2	*	*	107
Volatilité minimale/référence	*		58
Volatilité intra période		*	108
Volatilité > à référence		*	92
IEN – IEP principale/majeure ou majeure/contrôle	*	*	139
Stop-loss T2/T4		*	124
> T4	*	*	124
T1 – objectif	*	*	113
Pré-// SAR + MMB et non-croisement MACD ou MM	*		161
IEN – IEP prise de position opérateur débutant/confirmé	*	*	137

Confirmé action : IEN si ATM < 1 IEP sur unité principale + idem majeure
Confirmé devises et autres cf. débutant action
Débutant action : IEN si ATM < 2 IEP dont moyennes mobiles + idem majeure
Parabolique croise Moy. de Boll. + div. Bande opposée 2 périodes = IEP débutant
Parabolique croise Moy. de Boll. + div. Bande opposée 1 période = IEP confirmé

Avertissement

Le but recherché en utilisant l'Analyse Technique Dynamique des Marchés Financiers (ATDMF) est de réaliser des plus-values significatives avec un niveau de risque minimal et en se faisant plaisir. Notre devise : pas d'Aspro® ni de Prozac®.

Aucune connaissance spécifique n'est requise. La démarche est basée sur une approche statistique. Ceci signifie que la fiabilité de l'approche ne peut pas être égale à 100 % et qu'il ne s'agit donc pas de la révélation d'une martingale pour faire fortune sur les marchés financiers.

Si les pertes observées sont limitées, les gains peuvent être exceptionnels. Bien entendu au moment où l'opérateur va prendre position, il est impossible de savoir comment l'opération va se terminer.

Depuis 1995, nous enseignons l'ATDMF et l'utilisons sur l'ensemble des marchés financiers. Au fil des ans, de nombreuses mises à jour ont enrichi la méthode. La technique a sensiblement évolué depuis 2007. Avec notre expérience en tant que formateur, nous pouvons conclure que les résultats obtenus sont indépendants du niveau de connaissances en analyse technique. Toutes et tous peuvent l'utiliser avec profit aussi bien les néophytes que les experts.

La méthodologie et l'utilisation des indicateurs étant différentes de celles employées en analyse technique classique, tous les lecteurs sont considérés comme débutants. Les développements de cet ouvrage tiennent compte de cet aspect.

Notre expérience sur les marchés montre qu'il est primordial d'acquérir des automatismes. Nous faisons tout pour que vous puissiez y parvenir. Ainsi celles et ceux qui souhaiteront s'orienter vers le trading posséderont les réflexes indispensables à cette activité. Pour vous permettre de progresser régulièrement, nous vous proposons deux niveaux d'utilisation de notre approche, débutant et confirmé. Ceci vous permettra de conserver un niveau de risque compatible avec vos souhaits, sensations et temps disponible. Un troisième niveau : expert est destiné aux opérateurs qui souhaitent réaliser des opérations de trading en intraday. Les développements sur cet aspect seront succincts. Une maîtrise approfondie des techniques de base est indispensable pour faire du trading avec profit. Nous considérons que l'utilisation des CFD, par les particuliers, ne peut se faire qu'à l'issue d'une formation faite en présence d'un professionnel[2].

2. Contrairement aux deux premiers niveaux, tous les opérateurs ne sont pas aptes à pratiquer l'intraday à un moment donné. L'avis d'un professionnel indépendant est souhaitable pour en juger.

De nombreux opérateurs pensent pratiquer l'ATDMF en se contentant d'utiliser nos indicateurs et leurs paramétrages : c'est une erreur. L'ATDMF est avant tout une méthodologie qui utilise des indicateurs dans certaines conditions[3].

Pour ces raisons, l'ATDMF ne se prête qu'en partie à l'informatisation. De ce fait, il est absurde de vouloir juger l'ATDMF par un back-testing qui ne prendrait en compte qu'une partie de l'approche. Un logiciel, en tant qu'outil d'aide à la décision, est évidemment indispensable pour pouvoir opérer.

---

3. Il s'agit d'analyse technique management.

Note aux lecteurs

L'ATDMF permet de réaliser des analyses avant de prendre position puis d'accompagner l'opérateur pour gérer cette position et en sortir.

Si l'analyse technique est une approche nouvelle pour vous, tant mieux car vous n'avez pas pris de mauvaises habitudes et n'utilisez pas de concepts obsolètes.

Si vous pratiquez régulièrement l'analyse technique ou si vous êtes un professionnel, la lecture d'un sujet aussi connu que l'utilisation des moyennes mobiles va vous interpeler. Vous allez vous demander pourquoi vous n'utilisiez pas les concepts de l'ATDMF. À la suite de la lecture de cet ouvrage vous allez être effrayés par un certain nombre d'articles que vous aviez publiés ou de positions que vous avez ratées et qui étaient « évidentes ». Qu'importe, il n'est pas possible de revenir sur le passé et ce qui prime c'est l'avenir.

Si vous utilisez une version précédente de l'ATDMF, vous constaterez que la méthodologie a évolué pour apporter encore plus de sécurité à vos opérations. Le triptyque a été relooké pour vous permettre d'être encore plus performant.

De nombreux graphiques illustrent les idées développées. Un certain nombre d'entre eux ont pour objet de montrer les états qui vont provoquer des pertes et qu'il faut éviter. Ces situations se produisent lorsque certaines conditions ne sont pas présentes ou que d'autres n'ont pas été respectées.

Un certain nombre d'informations sont volontairement répétées à différents endroits en raison de leurs caractères important. Ceci signifie que si vous passez outre, vous aurez une grande chance de vous trouver dans une situation délicate.

*
* *

L'ATDMF ce n'est pas sorcier

Pour que l'utilisation de l'analyse technique reste un plaisir, il faut prendre position lorsque le risque est minimum et que le potentiel de fluctuation est significatif.

Pour que le mouvement anticipé soit puissant, il convient d'observer des Informations Exceptionnelles Positives ou Négatives (IEP ou IEN) qui soient objectives et répertoriées. Afin que la présence de ces informations ne soit pas due au hasard, nous les validons lorsque plusieurs d'entre elles (sur les indicateurs techniques et sur l'indicateur de volatilité) sont simultanément présentes.

L'environnement des marchés est soumis en permanence à des facteurs aléatoires et d'intensité diverse. La prévision au-delà de 3 périodes est irréaliste. Notre démarche consiste à anticiper la présence, durant les trois prochaines périodes, d'informations exceptionnelles négatives (qui interdiraient à un opérateur de prendre position) et positives. Pour prendre position, si l'opérateur est débutant la présence d'un plus grand nombre d'informations exceptionnelles positives sera exigée que pour un opérateur confirmé. Ce nombre d'informations sera aussi fonction du type de marché traité (plus d'exigence pour les devises/matières premières que pour les actions). L'anticipation des marchés à partir des informations exceptionnelles permet, avec une forte fiabilité, de se passer de l'analyse des données économiques, fondamentales, politiques et autres.

Une fois la position prise, deux représentations sont possibles : la bulle et les parallèles. Il est impossible de les confondre. Elles servent à définir les règles de gestion et de sortie de position à utiliser.

*

* *

Exemple

Une fois la position prise (A) l'opérateur est en présence d'une bulle (graphique 1) ou de parallèles (graphique 2).

La bulle se caractérise par le fait qu'un ou plusieurs bar-charts, entre les points (B) et (C), sont en dehors d'une bande (D). Le cours est à l'extérieur en (C). En présence de parallèles, entre les points (B) et (C), les bar-charts sont à cheval sur une bande (D).

La sortie d'une bulle se fait au retournement de la bande opposée (E). La sortie de parallèles s'effectue au croisement de la moyenne (F).

Graphique 1. – Bulle

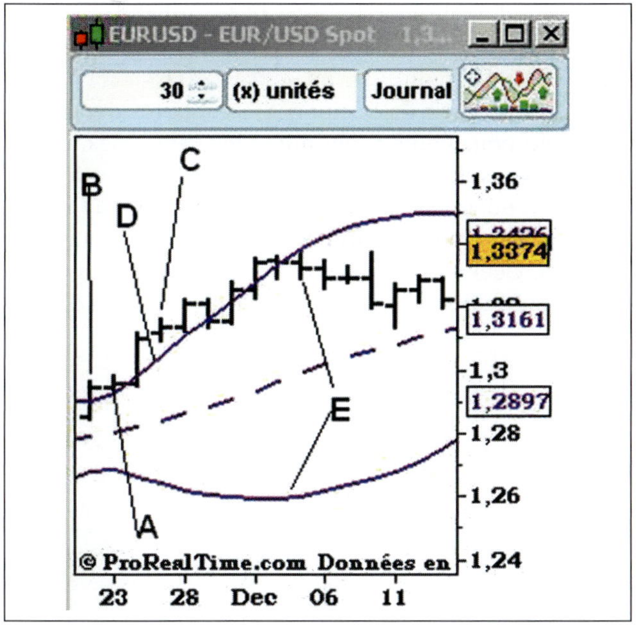

Graphique 2. – Parallèles

Articulation du livre

Nous travaillons avec certains indicateurs connus des analystes techniques mais dans l'ATDMF leur utilisation est modifiée. En ATDMF, une large place est faite à l'analyse de la volatilité. Les clés pour passer d'opérateur débutant à opérateur confirmé sont fournies pour celles et ceux qui souhaitent s'impliquer à fond dans l'analyse technique.

L'ATDMF 2011 ne porte pas uniquement sur la technique d'utilisation des indicateurs mais aussi sur une organisation rigoureuse.

Avant de se lancer dans une recherche de prise de position, il est indispensable de savoir si le marché travaillé est le bon et si le niveau de l'opérateur (débutant ou confirmé) permet d'opérer avec un minimum de risques.

Les différents outils utilisés sont présentés en indiquant dans quelles conditions ils vont être utilisés.

Ensuite nous expliquons les conditions qui interdisent de prendre position et les signaux qui alertent l'opérateur sur un possible mouvement significatif.

Nous poursuivons par l'utilisation des outils pour prendre, gérer et sortir de position. Ce choix résulte d'une analyse comparative des marchés, étape préliminaire indispensable pour pouvoir optimiser les gains. Avant que vous passiez à la pratique, nous vous montrons comment procéder. Nous débutons par une analyse de type économique des différents marchés. Nous poursuivons par des analyses en détail du marché de l'or (analyses d'opportunités que le lecteur trouvera dans l'annexe 1 à la fin de cet ouvrage). Pour mettre à jour les analyses, nous vous proposons de continuer la lecture sur notre site (accès libre et gratuit). Ceci vous permettra de tester « en réel » vos analyses. Vous pourrez alors juger à quel moment vous serez prêt à faire tout seul vos premières expériences d'opérateur avec l'ATDMF 2011.

Bonne lecture et bonnes opérations.

Première partie

ÉTAT DES LIEUX

Chapitre 1

Histoire de l'analyse technique

En 2011, l'analyse technique n'a pas rompu le cordon ombilical avec le chartisme dont les origines remontent au début du XXe siècle. Les besoins ayant évolué durant les vingt dernières années, une refonte de l'analyse technique est nécessaire.

L'histoire de l'analyse technique débute avec l'apparition des premières calculettes électroniques au début des années 70. Avant, les opérateurs faisaient appel au chartisme[4].

Curieusement, il n'y a pas eu de fracture avec l'abandon de l'un pour adopter l'autre. Il est important de revenir sur cette question pour pouvoir juger la situation actuelle.

Depuis que les actions sont cotées (jusqu'à une date récente, pour les particuliers, en dehors de l'or, seul l'achat et la revente d'actions était envisageable) les cours évoluaient à la hausse ou à la baisse, soi-disant, sur des critères économiques. Les connaissances requises pour pouvoir opérer n'étant accessibles qu'à un nombre marginal d'intervenants, de nombreux opérateurs ont cherché à repérer la répétition de figures formées par une suite de cours pour anticiper l'évolution prochaine des cours. Cette idée est basée sur le postulat qui stipule qu'une expérience est reproductible en tout point de la planète si les conditions opératoires sont identiques. Ce raisonnement implique que les paramètres utilisés pour anticiper les fluctuations de cours soient figés. La démarche utilisée par les économistes est similaire.

Les prévisions basées sur des critères économiques relèvent avant tout d'un bon marketing mais également d'arguments commerciaux et du politiquement correct. Celles basées sur l'analyse technique classique évoluent entre fantaisie, non sens et commercial.

Contrairement à l'analyse économique qui a sa place dans le monde académique, l'analyse technique est née d'une amélioration des techniques chartistes transmises de bouche à oreille.

Le principal avantage du chartisme est la facilité d'interprétation puisqu'aucune connaissance n'est nécessaire. Sachant qu'un certain nombre de figures a été répertorié, la reconnaissance de telles configurations par un nombre élevé d'opérateurs participe au caractère auto-réalisateur de la prévision (si beaucoup de gens achètent, les cours montent). Les opérateurs disposent avec le chartisme d'une martingale[5].

L'apparition des premiers calculateurs « grand public » a permis de se lancer dans l'utilisation d'outils statistiques tels que le calcul des moyennes mobiles. Les promoteurs de l'analyse technique avaient un objectif marketing : un outil simple à utiliser, compréhensible par la majorité des utilisateurs et des performances supérieures à celles observées par les utilisateurs des approches chartistes.

---

4. Prévisions basées sur la répétition de configurations caractéristiques formées par une suite de cours.
5. Car ils sont capables de faire seuls des prévisions.

1. Abandon du chartisme ?

Quarante ans après l'apparition de l'analyse technique le chartisme n'est toujours pas mort. Cette situation est paradoxale car le chartisme donnait des performances en tous points inférieures à celles obtenues avec l'analyse technique. En matière d'organisation, des progrès significatifs ont été réalisés en passant du chartisme à l'analyse technique[6].

En 2011, le chartisme est définitivement obsolète. Le livre de référence est celui d'Edwards et J. Magee[7].

Ce n'est pas le chartisme lui-même qui doit être condamné mais la poursuite de son utilisation en présence de concepts d'analyse technique plus performants. Le chartisme utilise le truisme « une tendance se poursuit tant qu'elle n'est pas remise en cause », encore faut-il disposer d'un historique qui permette de tracer convenablement les figures. Souvent les figures sont construites *a posteriori* afin de justifier l'idée défendue. Il est fréquent d'observer un chartiste relier des points extrêmes d'un graphique lorsque cela l'arrange et d'autres fois se baser sur les cours de clôture. Le chartisme ne permet pas de distinguer les types de marchés « sans/faible/forte tendance ». Remarquons que cette question capitale n'intéresse pas plus les analystes techniques classiques.

Actuellement en termes d'organisation du travail le chartisme est une absurdité. En effet, grâce à la mondialisation et à la spatialisation (étude d'un marché sur différents horizons de temps), il est inconcevable pour un manager (chargé d'optimiser le temps consacré à la recherche d'un produit performant) de ne pas s'aider d'un logiciel comme outil d'aide à la décision. Les logiciels permettent de sélectionner des titres plus performants à l'aide de filtres basés sur des indicateurs liés à l'analyse technique.

2. Analyse technique

2.1. L'analyse technique traditionnelle

L'analyse technique traditionnelle se résume à un ensemble de modèles mathématiques (il en existe une centaine dont les trois quarts sont redondants) qui sont utilisés au petit bonheur la chance[8]. La majorité d'entre eux sont utilisés par des personnes qui ne cherchent pas à savoir à quoi ils servent et qui n'en maîtrisent pas l'utilisation. Il vous suffit de consulter la totalité des livres et traductions françaises d'ouvrages anglo-saxons d'analyse technique pour vous en convaincre. Vous ne trouverez jamais le type de marché pour lequel un indicateur doit être

---

6. En 2011, la productivité des analystes techniques reste dérisoire. L'ATDMF permet de la multiplier au minimum par trois, avec de meilleurs résultats, l'activité d'un analyste technique (avis aux responsables de salles de marchés).
7. Robert D. Edwards, John Magee, *Technical Analysis of Stock Trends*, 9e édition, 2007, W.H.C. Bassetti (Editor), American Management Associaltion.
8. Pour vendre son analyse technique, il faut utiliser les représentations et indicateurs à la mode.

utilisé. L'absence de cette remarque implique que l'indicateur est censé pouvoir fonctionner dans toutes les situations, c'est-à-dire que l'on vous présente la martingale que vous cherchiez depuis si longtemps, ceci vaut également pour les soi-disant formateurs en analyse technique qui n'indiquent jamais les limites de leurs formations. Ceci sous-entend qu'à la fin de tel ouvrage ou d'une telle formation le lecteur/personne formée en saurait autant que n'importe quel professionnel. Il pourrait donc devenir gérant de fonds et percevoir un salaire et des bonus qui font rêver tant de personnes.

L'objet de l'analyse technique, telle qu'elle s'est définie, est encore plus ambitieux. Elle considère que tout doit être sous contrôle. Bien entendu, c'est impossible. La réalité est toute autre. Malheureusement personne ne l'a compris ou ne se pose la question. C'est pour cette raison que les résultats obtenus sont médiocres. Les règles de limitation n'existant pas, l'analyse technique traditionnelle prétend tout et n'importe quoi. L'exemple le plus frappant est l'approche dite « la méthode d'Elliott ». Celle-ci aurait pour mission de pouvoir calculer en temps et amplitude des objectifs sur différents horizons de temps. Elle pouvait servir lorsque certaines conditions étaient réunies. Les utilisateurs sont censés pouvoir l'utiliser en toutes circonstances pour prévoir l'évolution de n'importe quel marché pourvu qu'ils possèdent un historique assez long.

2.2. Carences des analystes techniques

En se contentant d'utiliser un indicateur pour répondre au besoin pour lequel il a été conçu, les résultats obtenus seraient améliorés. Cependant, il faut noter que nombre d'analystes techniques qui se disent professionnels ne sont que des « fonctionnaires » (au mauvais sens du terme, car de nombreux fonctionnaires s'acquittent de leur tache avec professionnalisme et dévouement). Pour s'en convaincre, il suffit de regarder les indicateurs utilisés pour présenter leurs analyses. Que le marché soit avec ou sans tendance, les indicateurs utilisés sont les mêmes. Tous utilisent le même indicateur pour entrer et sortir de position. C'est bien la preuve que ces personnes utilisent des outils dont ils ne comprennent pas le fonctionnement car, *a priori*, au moment de prendre position le marché est sans tendance et au moment de sortir, le marché termine une tendance forte. Il doit donc être possible d'utiliser des indicateurs spécifiques à chaque état afin d'optimiser les résultats.

Les ouvrages publiés sont dans la quasi-totalité des cas des traductions de vieux ouvrages anglo-saxons. La majorité d'entre eux reprennent des concepts établis dans les années 70. Une minorité d'entre eux ont modifié les paramètres ; ce qui signifierait, que le comportement des marchés est resté inchangé. Voila bien un phénomène exceptionnel de stabilité dans un monde en mutation perpétuelle. La majorité des analystes que je connais tiennent exactement le même discours depuis une vingtaine d'années. Afin d'être cohérents avec eux-mêmes, leurs techniques d'analyse n'ont pas évolué d'un iota. Cette remarque ne s'adresse pas uniquement aux analystes français. À croire que nombre d'analystes se contentent d'arrêter de réfléchir lorsqu'ils ont présenté un nouvel indicateur. Bien entendu, il existe des exceptions. Récemment, j'ai eu un échange avec le responsable d'un site internet à qui je disais que mon précédent livre publié en 2005 était obsolète. Il m'a indiqué qu'il devait donc le retirer de ses recommandations. Idée que je partage. Cependant, il ne s'est pas posé la question sur d'autres livres qu'il recommande depuis plusieurs années. Ceux-ci n'ont plus, à l'heure actuelle, qu'un intérêt historique et sont techniquement très en retard par rapport à mon livre retiré.

Le manque de professionnalisme se traduit par des défauts d'organisation et de jugement dans les analyses réalisées.

Si dans le passé il suffisait d'anticiper le sens du mouvement sur un horizon de plusieurs mois/années, depuis le début des années 90 les choses ont évolué avec l'apparition de possibilités d'analyses sur différents horizons de temps. Les analyses doivent être beaucoup plus précises, d'autant plus que l'ingénierie financière s'est considérablement développée, mettant à la disposition des intervenants de nombreux produits qui répondent à toutes les situations[9].

Il n'est plus possible de présenter une analyse sur un produit sans indiquer la nature du risque pris par l'opérateur (potentiel de décalage du cours) et la durée concernée par le mouvement. L'analyse doit également préciser les limites de la fiabilité[10], les degrés de sécurité et ce que l'analyste, en fonction de son expérience, anticipe. Ce sont deux niveaux d'analyse complémentaires qui doivent être présents mais clairement séparés[11].

3. Les besoins

En dehors des points déjà évoqués, il est nécessaire de différencier les besoins des opérateurs. Pour les particuliers, la pratique de l'analyse technique doit rester un plaisir et une source de satisfaction financière. Pour cela il convient de s'auto-analyser afin de définir les conditions opérationnelles possibles. Ce point rejoint un sujet qui doit être inclus dans une démarche d'analyse technique : le money management[12]. Les professionnels ont des besoins qui peuvent être similaires à ceux des particuliers mais ils doivent aussi répondre à des questions différentes. Ce dernier point ne sera pas abordé dans cet ouvrage (opérations intraday et trading dans un marché sans tendance)

Les besoins en termes d'analyse sont variés et dépendent de l'utilisation qui en est faite. Trois types d'analyse sont envisageables : économique, recherche d'opportunités, analyse spécifique.

---

9. Au niveau de l'intermédiation, les supermarchés restent à créer.
10. Pour cette raison, nous estimons qu'il est indispensable de séparer les analyses à très long, long, moyen et court terme. Généralement, pour un produit donné, une seule analyse est présentée. Ceci permet de cacher certaines carences.
11. Voir nos analyses présentées quatre fois chaque semaine sur notre site : www.analyse-technique-atdmf.fr Le sujet est traité en détails dans la dernière partie de l'ouvrage.
12. Type de marchés autorisés en fonction de ses capitaux, de son expérience, du risque souhaité, de ses contraintes personnelles.

3.1. Analyse économique

Elle a pour objet de sélectionner le marché le plus prometteur, et éventuellement de s'assurer de la cohérence des prévisions. Il est indispensable qu'un analyste technique puisse être indépendant. Trop de personnes sont obligées de faire passer un message à travers les médias pour différentes raisons. Ces informations ne sont pas forcément celles qui vont aider l'analyste et l'opérateur. Vous devez avoir votre avis sur différentes variables économiques, à un horizon compris entre quelques semaines et quelques mois. Ce sont : les taux d'intérêt, les devises, certaines matières premières et les principaux indices boursiers. Si les relations entre ces différentes variables existent, elles ne sont pas toujours utiles ni constantes dans le temps. Ces analyses peuvent se révéler intéressantes en permettant de dégager de nouvelles idées[13]. Elles permettent également de renforcer les contrôles comme nous le verrons avec les relations entre les taux d'intérêt et les devises.

Les analyses sur les graphiques annuels et trimestriels apportent des informations majeures une à deux fois par an. Ne pas les analyser, c'est se priver d'informations détenues par un nombre extrêmement restreint de décideurs.

3.2. Recherche d'opportunités

Pour la quasi-totalité des analystes, l'analyse technique se limite à cette approche. Elle consiste, dans un premier temps, à extraire d'une base de données les produits susceptibles de décaler fortement. Il suffit ensuite de sélectionner le titre ayant le potentiel le plus prometteur.

Cette démarche est la bonne si l'analyse de type économique l'a précédée.

3.3. Analyse spécifique

L'analyse spécifique concerne un groupe de produits limités. Il s'agit de trouver, pour un produit donné, sur quel horizon de temps se trouve l'opportunité la plus prometteuse pour prendre position. Cette approche est surtout utilisée en trading.

Selon le type d'analyse pratiquée, la méthodologie sera adaptée. Pour les analyses de type économique et d'opportunités, il convient de chercher des objectifs. L'analyse commencera par définir les limites de fluctuations envisageables. L'analyste s'efforcera à contrôler la cohérence des prévisions au fur et à mesure qu'il entrera dans les détails. Pour les analyses spécifiques, il convient d'opérer d'une autre façon.

---

13. Ce point est fondamental dans la démarche d'un particulier. Il ne s'agit pas de tout contrôler mais d'agir en présence d'une situation exceptionnelle identifiée. Par exemple, en octobre 2009 l'analyse de l'or à moyen terme montrait un potentiel de hausse très significatif. L'analyse des indices boursiers indiquait un potentiel limité. Il était donc impératif de délaisser les actions et de se focaliser sur l'or. La démonstration est détaillée en fin d'ouvrage.

4. Problématique en quatre graphiques

Les deux premiers graphiques expliquent ce que permet l'analyse technique telle qu'elle est pratiquée aujourd'hui. Les troisième et quatrième dévoilent ce que nous proposons avec l'ATDMF 2011.

4.1. *Analyse technique traditionnelle*

Un même indicateur est utilisé pour prendre et sortir de position.

4.1.1. Signaux de hausse des indicateurs dans un marché haussier

Graphique 1.1 – Différents signaux de hausse

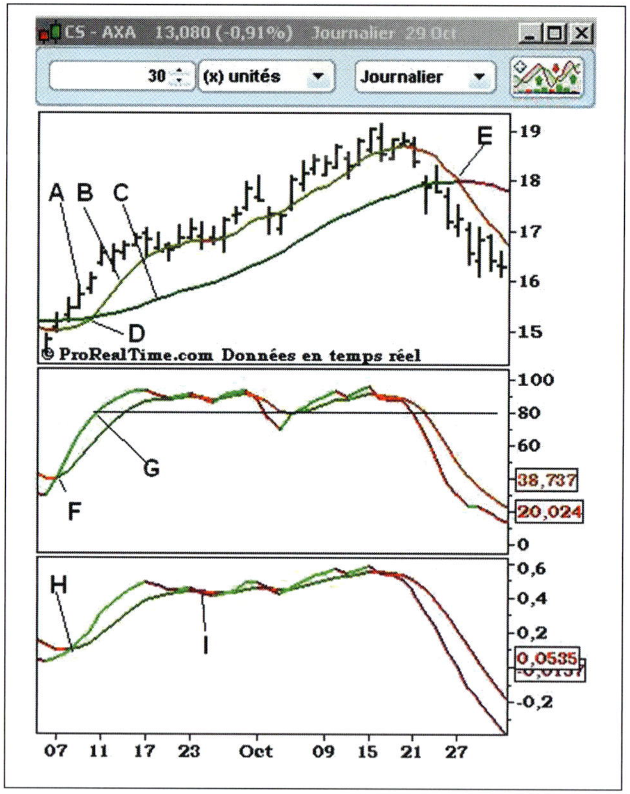

Sur la partie haute, les cours (A) sont représentés avec deux moyennes mobiles : une courte (B) et une longue (C). Le croisement à la hausse (D) des deux moyennes indique un signal d'achat. Le croisement à la baisse (E) correspond à un signal de vente. Le gain, différence entre les prix constatés lors du signal d'achat et du signal de vente, est de 7.49 %.

Certains analystes recommandent d'opérer avec l'indicateur stochastique, représenté sur le graphique du milieu. L'achat est exécuté en (F) lors du croisement à la hausse de l'indicateur et de sa moyenne mobile. La vente est effectuée lorsque l'indicateur dépasse le niveau de 80 au point (G) (certains préconisent de vendre au-dessus de 70). Le gain, différence entre les prix constatés entre (F) et (G), est de 9.3 %.

D'autres analystes privilégient l'utilisation du MACD, graphique du bas. L'achat est exécuté en (H) lors du croisement à la hausse de l'indicateur et de sa moyenne mobile. La vente est effectuée lorsqu'un croisement dans l'autre sens est observé (I). Le gain, différence entre les prix constatés entre (H) et (I), est de 8.70 %.

4.1.2. Signaux de baisse de certains indicateurs dans un marché haussier

Graphique 1.2. – Signaux de baisse dans un marché haussier

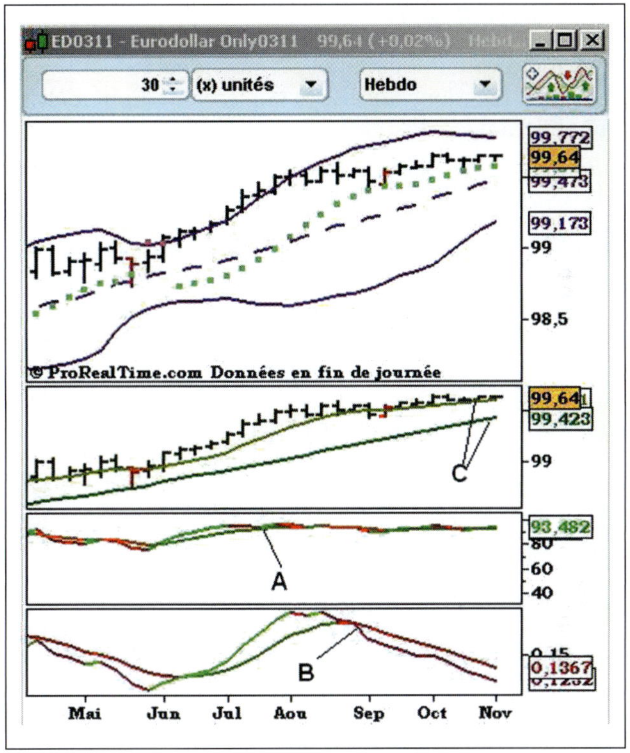

L'indicateur stochastique en (A) devient illisible et ne permet plus d'anticiper la poursuite de la hausse des cours. Le niveau de 80 %, utilisé pour vendre, est largement dépassé.

En (B) l'indicateur MACD se retourne à la baisse indiquant qu'il faut sortir de la position haussière et se positionner à la baisse. Ceci n'empêche pas les cours de poursuivre leur progression.

En ce qui concerne les moyennes mobiles (C), aucun croisement indiquant un signal de fin de mouvement n'est envisageable.

Sur cet exemple, les performances sont en ordre croissant : stochastique, MACD puis moyennes mobiles.

Dans une même situation (marché haussier), le choix du meilleur indicateur n'est pas reproductible. Dans les deux cas présentés, les résultats sont sensiblement différents selon l'indicateur sélectionné.

La lecture des résultats rend le lecteur perplexe. Les deux indicateurs (stochastique et MACD) et les moyennes mobiles représentent 80 % des outils utilisés par les analystes techniques pour analyser les marchés. La méthodologie utilisée dans la quasi-totalité des cas se limite à acheter en présence d'un signal d'achat et à vendre en présence d'un signal de vente sur le même indicateur.

L'analyse technique classique privilégie l'analyse du comportement des indicateurs mais en aucune manière n'indique dans quelles conditions s'en servir[14]. La bible des analystes techniques par Murphy[15] est un simple catalogue des indicateurs techniques disponibles. La majorité d'entre eux ont été créés dans les années 70 ! Or les conditions de marché depuis quinze ans n'ont plus rien à voir avec celles de l'époque mentionnée. L'utilisation de

---

14. À croire qu'être à l'aise avec la conduite de votre BMW® vous permet de conduire une Formule 1 sur un circuit.
15. Murphy, *L'analyse technique des marchés financiers*, Valor Éditions.

nombreux indicateurs est, pour le moins, sujette à caution[16]. En analyse technique, l'organisation du travail de l'analyste n'y est jamais abordée, comme si la gestion et le trading se pratiquaient de la même manière et avec les mêmes outils, et comme si les besoins des professionnels et ceux des particuliers étaient identiques...

4.2. ATDMF 2011

Un indicateur technique est créé pour être utilisé dans une situation spécifique (sans tendance/faible/forte tendance). Il faut donc l'utiliser à bon escient. Pour réaliser une opération gagnante, il ne faut pas d'information exceptionnelle négative.

4.2.1. Information exceptionnelle négative

Graphique 1.3. – Information exceptionnelle négative

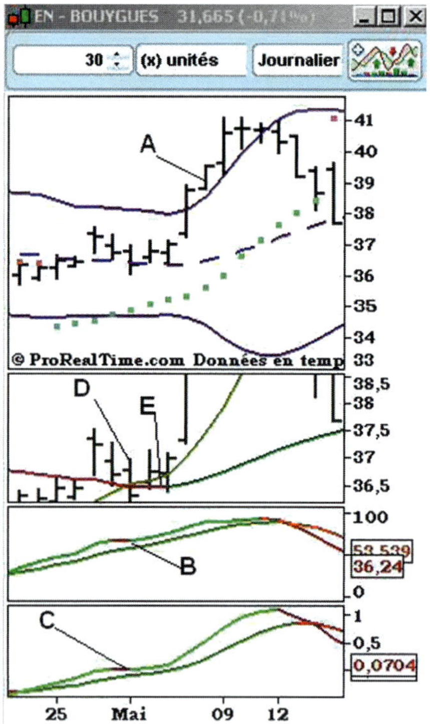

Sur le graphique des cours, en (A), signal de confirmation de hausse de la volatilité. En (B) sur le stochastique un non-croisement haussier s'est produit avant le signal (A). En (C) sur le MACD un non-croisement haussier est présent. Cette configuration assez rare permet d'envisager un mouvement d'une puissance importante à la hausse pendant une dizaine de périodes. Cette configuration justifie qu'un opérateur débutant puisse prendre position avec un risque minimum. Mais le croisement des moyennes mobiles en (D), observé avant la prise de position, est suivi d'une poursuite de la baisse de la moyenne longue durant deux périodes (E). Ce type de croisement entre les moyennes mobiles est une IEN et signale que la hausse en cours ne va pas se poursuivre.

Quatre périodes après (A), les cours s'inversent et partent à la baisse.

16. Dans les années 90, un quotidien financier a publié, pendant un an, une série d'articles testant le CAC 40 sur une série d'indicateurs techniques (le même, utilisé pour entrer et sortir de position). Conclusion : aucun indicateur ne permettait de réaliser des plus-values.

Remarque :

La présence de signaux positifs est nécessaire pour justifier une prise de position. Encore faut-il qu'aucune information négative ne soit présente ou n'apparaisse par la suite. Selon le statut de l'opérateur (débutant ou confirmé) et le marché traité (actions/indices ou devises/matières premières), les informations positives et négatives ne sont pas les mêmes.

Graphique 1.4. – Gestion de position avec l'ATDMF 2011

4.2.2. Prise, gestion et sortie de position avec l'ATDMF 2011

Sur le graphique hebdomadaire à gauche, en septembre les signaux d'une baisse puissante sont présents en (A) sur le stochastique et en (B) sur la volatilité (nous privilégions la sécurité en ayant la même information de deux sources différentes). Début octobre, sur le graphique quotidien à droite, confirmation d'une préparation d'une nouvelle phase de baisse (C). Le lendemain lorsque le mouvement est confirmé, une position vendeur est prise à 1,5625. La position est rachetée en (D) lors du franchissement de la moyenne en pointillés à 1,5046. Le gain entre le 6 octobre et le 4 novembre est de 3.7 %.

En utilisant l'analyse technique traditionnelle, les rachats se font à des niveaux variables selon l'indicateur utilisé : (E) stochastique, (F) MACD ou (G) moyennes mobiles.

Conclusion : Pour réaliser des plus-values, il faut avoir le mode d'emploi pour savoir si la prise de position se fait avec un risque minimal, choisir l'indicateur le plus performant à un instant donné et savoir comment gérer la position pour sortir avec un gain optimal. C'est ce que nous nous proposons de vous expliquer.

Chapitre 2

Apports de l'ATDMF 2011

Un paramètre nouveau, la volatilité, est devenu le principal facteur de fluctuation des cours. Une contrainte supplémentaire est à prendre en compte : la volatilité est en évolution permanente. Le modèle démarche scientifique n'est plus applicable à l'analyse technique. La solution ATDMF pour s'adapter à cette situation : un tampon que sont les informations exceptionnelles. Ce sont elles qui servent de base aux prévisions.

Une spécificité de l'ATDMF est de permettre à un opérateur de savoir en l'espace de quelques secondes s'il peut profiter de la configuration présente afin de prendre position.

Avec l'ATDMF la sécurité des opérateurs est identique quel que soit l'horizon de temps utilisé : de quelques minutes à plusieurs mois/années.

L'ATDMF permet également de prendre position sur un marché que n'a jamais traité l'opérateur, s'il juge les opportunités de gains statistiquement importantes.

L'ATDMF permet à un opérateur d'être complètement indépendant. Les connaissances économiques qui peuvent être utiles pour un opérateur sont incluses dans la démarche proposée.

L'ATDMF permet aux opérateurs qui le souhaitent, et s'ils en sont capables, de devenir des traders. Ceci signifie qu'il leur sera possible, sans augmentation du niveau de risque, de profiter d'un mouvement d'une durée n'excédant pas quelques minutes.

L'ATDMF est utilisable sur l'ensemble des marchés financiers dès lors que les capitaux échangés sont significatifs. L'ATDMF permet de réaliser des plus-values sur les actifs les plus traités dans le monde.

L'ATDMF permet de détecter les mouvements puissants et de rester en position durant la plus grande partie de ces mouvements.

Les performances de l'ATDMF sont particulièrement impressionnantes lorsque le produit évolue au-delà de niveaux de cours connus.

L'ATDMF est basée sur des critères non pris en compte par la majorité des analystes. Ceci permet de travailler avec une concurrence restreinte.

L'ATDMF, par ses contrôles de cohérence, permet de prendre position avec un maximum de sécurité. Ce dernier point est présent dans toutes les étapes de notre méthodologie. Cette question n'a jamais été abordée dans une publication d'analyse technique.

Lorsqu'un mouvement inverse à la position prise se produit, une procédure (stop-loss) permet de sortir sans perte ou de limiter les pertes au maximum à quelques pourcents.

1. Évolution des besoins

Depuis le début des années 90, la volatilité est devenue le principal critère qui influe sur les variations de cours. Ce paramètre lié à la vitesse de transmission de l'information se modifie en permanence. La démarche traditionnelle basée sur le principe, déjà mentionné, que les mêmes causes produisent les mêmes effets, n'est donc plus applicable. Nous avons détecté cette situation en 1993. Pour tenir compte de ce phénomène, nous utilisons un raisonnement original. Celui-ci est basé sur une dissociation d'un événement et de son impact direct sur les cours. Un événement peut provoquer au niveau de nos indicateurs l'apparition d'informations exceptionnelles positives et négatives. En fonction du nombre et de la qualité de ces informations il sera possible de faire des prévisions. Nous utilisons la notion de masse critique pour caractériser les mouvements.

Cette masse critique est variable selon le type de produit traité et le statut de l'opérateur : débutant ou confirmé.

La qualité (sécurité) de nos prévisions est aussi liée au potentiel d'anticipation des mouvements à venir. Notre démarche est comparable à celle des joueurs d'échecs. Leur niveau de performance se mesure sur la capacité à anticiper le plus grand nombre de coups possible ; sachant que le cerveau humain peut anticiper jusqu'à 7 mouvements successifs.

L'explosion des capacités de stockage des données depuis le début des années 90 a permis de conserver une grande partie des transactions effectuées. Il est devenu possible d'établir des graphiques basés sur n'importe quel horizon de temps. Depuis le milieu du XIXe siècle, seul les graphiques représentant les fluctuations quotidiennes étaient utilisés[17]. Cette nouvelle situation aurait dû déclencher de nouvelles approches de l'analyse technique. En dehors de l'approche d'Elder[18] et de l'ATDMF, rien n'a bougé.

2. La démarche ATDMF 2011 utilisée pour effectuer des prévisions

Le but recherché par un opérateur particulier est d'utiliser l'analyse technique pour faire des plus-values. Il est nécessaire de se focaliser sur les mouvements qui potentiellement peuvent produire des mouvements significatifs. Ceci permet de conserver une certaine marge de manœuvre et de ne pas faire une opération fiscalement inopportune[19]. Par ailleurs, la gestion du temps disponible et du bien-être psychologique implique de ne pas se laisser embarquer dans une prise de position aléatoire. Il est donc indispensable de prendre des précautions afin de mettre le maximum de chances de son côté avant de prendre position. Pour des recherches d'opportunités, des informations exceptionnelles et une masse critique valident une poursuite de l'analyse et peuvent aboutir à une prise de position. Pour les recherches de type économique, l'analyse est menée à son terme. L'anticipation de la puissance du mouvement est fonction de la dynamique des informations exceptionnelles.

---

17. Exception faite pour la méthode d'Elliott (1933) qui utilise également les données, hebdomadaires et mensuelles.
18. Alexandre Elder, *Vivre du trading*, 2001, Éditions Valor.
19. Le fisc peut se baser sur les volumes de capitaux traités (plutôt que sur les plus-values) pour apprécier le caractère professionnel des transactions.

2.1. *Informations exceptionnelles*

Il existe deux types d'informations exceptionnelles : les informations exceptionnelles positives (IEP) et les informations exceptionnelles négatives (IEN).

– Le premier type concerne la présence de configurations obligatoirement présentes pour pouvoir prendre position dans le cadre d'une recherche d'opportunité.

– Le second type est le contraire : la présence d'une seule IEN interdit de prendre position[20].

Lors d'une analyse économique, pour une tendance donnée une certaine information peut être de type IEN et être IEP pour la tendance opposée.

2.2. *Notion de masse critique pour une analyse de recherche d'opportunité*

La présence d'une IEP se produit sur les indicateurs. La présence d'une IEP aura un effet variable selon le type d'indicateur. En termes de sécurité, cette condition n'est pas suffisante. Il est possible d'imaginer que la présence de cette IEP soit fortuite. Il est donc nécessaire d'observer, simultanément, différentes informations exceptionnelles positives pour pouvoir prendre position. La notion d'IEP va dépendre, également, du statut de l'opérateur.

2.3. *Opérateur débutant, confirmé et expert*

Les différences entre ces trois catégories d'opérateurs portent sur l'habilitation à traiter différents types de marchés :

– les débutants se limiteront aux marchés les moins volatils : actions et indices (ceux pour lesquels les opérateurs ont le temps de réfléchir pour dénouer leur position) ;

– les opérateurs confirmés pourront traiter une palette de marchés plus volatils et donc plus nombreux mais plus risqués : devises, contrats de taux, matières premières ;

– les experts auront accès à l'ensemble des marchés sur une base intraday et sur l'ensemble des supports.

Remarques :

Pour un débutant, le nombre et la qualité des IEP nécessaires pour prendre position seront plus importants que pour un opérateur confirmé. Il existe également une hiérarchie dans la puissance des indicateurs et donc sur les informations exceptionnelles qui y sont liés. Ceci permet de faire des sous-classes en sélectionnant des informations de moins en moins puissantes (mais qui apparaissent de plus en plus souvent avec un niveau de risque de plus en plus élevé).

Cette classification permet à chacun de trouver son équilibre et de savoir en quelques secondes si la configuration observée va lui permettre de réaliser sereinement des plus-values. Il n'y a aucune honte à rester un débutant

20. Lorsque l'on détecte une IEN, l'analyse doit être arrêtée en cas de recherche d'opportunité. Dans le cas d'une analyse de type économique, l'analyse se poursuit. On observe que ce n'est généralement pas une seule IEN qui est présente mais plusieurs.

habitué au bout de plusieurs années de pratique. D'autres souhaiteront/pourront passer de débutant à confirmé en deux mois et de confirmé à expert deux mois plus tard. Ce parcours sera également fonction du temps disponible quotidiennement pour analyser les marchés et gérer les positions.

Nous recommandons de travailler avec deux comptes :

– un compte réel pour effectuer les opérations ;

– un compte de simulation pour s'entraîner en utilisant des critères moins restrictifs (utilisation d'IEP sur des indicateurs de moins en moins puissants).

Il sera possible de tester ses limites au vu des résultats financiers obtenus et de son comportement vis-à-vis de son environnement.

3. Autres innovations de l'ATDMF[21]

L'analyse technique traditionnelle est conçue pour travailler dans des marchés sans tendance ou avec une faible tendance. Jusqu'au milieu des années 90, ces deux catégories regroupaient la quasi-totalité des situations. Depuis cette époque, il n'en est plus de même. En septembre 1994, lors du discours d'inauguration du 7e congrès mondial d'analyse technique[22] j'indiquais que les prochaines années seraient marquées de façon durable par une hausse de la volatilité due au développement des moyens de communications. L'évolution des systèmes d'informations m'a donné raison. Depuis 1993[23], mes recherches en analyse technique portent sur ce sujet[24].

La hausse de la volatilité m'a permis de mettre en évidence la réponse à ce que tous les chercheurs/analystes essayaient de trouver depuis le milieu du XIXe siècle : quel(s) est/sont le/les paramètres responsables des fluctuations des cours ?

Le poids de la volatilité prend le pas sur toutes autres considérations.

Différents élèves ingénieurs[25] ont testé l'impact de la hausse de la volatilité sur les cours (à la hausse comme à la baisse). La base de données est composée de 100 titres (Nasdaq) cotés durant dix ans, à raison d'un cours de clôture toutes les cinq minutes. Les résultats trouvés se recoupent et valident notre point de vue.

Une analyse ATDMF comportera donc une analyse de la volatilité et une analyse de certains indicateurs techniques. Pour agir en sécurité, il est important de pouvoir confirmer la cohérence entre les anticipations dues à

---

21. Aucune publication, française ou étrangère, avant la publication du premier ouvrage sur l'ATDMF ne fait référence à la relation variation des cours/hausse de la volatilité.
22. En tant que Président.
23. Entre 1973 et 1993 je travaillais en partie avec la méthode d'Elliott. Cette approche se montrait irréaliste pour une utilisation dans une salle de marchés.
24. Sous l'impulsion de Jean-Paul Betbèze, Directeur des recherches économiques du Crédit Lyonnais.
25. Des principales écoles françaises, en stage de fin d'études en entreprise.

l'analyse de la volatilité et celles provenant des indicateurs techniques. Les IEP et IEN pouvant être absentes, présentes dans l'une, l'autre ou les deux analyses.

Depuis que les données sont devenues multitemporelles et intra quotidiennes une vision dynamique des analyses est donc devenue indispensable afin d'accroître la sécurité.

Notion inconnue dans la démarche analyse technique, celle de sécurité est omniprésente au sein de l'ATDMF.

4. En résumé

La démarche adoptée par l'ATDMF 2011 est la suivante : analyse du passé pour anticiper l'apparition d'IEP et d'IEN. En fonction du nombre et de la qualité des informations exceptionnelles, possibilité de prévisions si la masse critique est atteinte pour une analyse d'opportunité ; pondération des prévisions pour une analyse économique. Les prévisions sont faites en analysant la volatilité, l'analyse technique management[26] (ATM) et les indicateurs de supports et résistances. La sécurité est obtenue par des anticipations d'enchaînement de scénarios dans le temps et dans l'espace (approches dynamiques)[27].

26. Utilisation du bon indicateur au bon moment.
27. Définition à des années lumières de celle de l'analyse technique disponible sur Wikipedia.

Deuxième partie

Les techniques ATDMF 2011

Chapitre 3

Quelques définitions spécifiques à l'ATDMF

Nous utilisons des indicateurs empruntés à l'analyse technique. Mais, en permanence, nous avons un sens critique et sommes en mesure d'expliquer quand et pourquoi utiliser tel outil. Un nouveau paramétrage est généralement nécessaire pour adapter l'indicateur aux conditions actuelles des marchés. À noter que plus un indicateur fonctionne longtemps avec les paramètres d'origine, plus sa fiabilité est importante. Le parabolique de Wilder et les bandes de Bollinger en sont des exemples.

1. Généralités

1.1. Représentation des cours

Graphique 3.1. – Représentation des cours sous forme de bar-chart

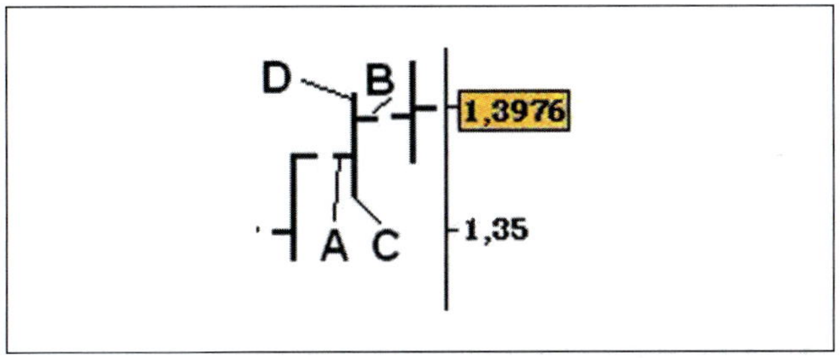

Les cours sont représentés sous la forme de bar-chart : il s'agit d'un histogramme qui représente, pour une durée donnée, les fluctuations de cours. Une encoche sur le côté gauche représente le premier cours traité (cours d'ouverture) et une encoche à droite représente le dernier cours coté (cours de clôture)[28].

Les cours sont représentés sous forme de bar-chart avec un cours d'ouverture (A), un cours de clôture (B), un plus bas (C) et un plus haut (D). L'amplitude de l'histogramme est fonction de la variation de cours durant la période considérée (de 10 secondes à une année, selon les besoins).

1.2. Le contexte de notre démarche

Dans un premier temps, nous présentons individuellement l'ensemble des outils utilisés avec l'ATDMF (volatilité et ensemble des indicateurs techniques). Par la suite, nous expliquons qui va les utiliser et enfin nous indiquons comment s'en servir.

La conception de la majorité des indicateurs avait pour objet d'analyser le passé. Avec l'ATDMF, nous les utilisons pour anticiper le futur (*a priori* c'est pour cela que vous utilisez l'analyse technique). Cette utilisation est

28. De nombreux analystes techniques utilisent la représentation de type bougie. Les contraintes des opérateurs liées à la clôture d'un marché organisé ne se reproduisent à aucun autre moment d'une séance. Il est stupide de vouloir étendre les règles d'anticipation des mouvements journaliers à des situations qui ne sont absolument pas comparables.

donc différente[29]. Un indicateur est fait pour analyser un produit dans un état donné. Il n'y a donc aucune raison d'utiliser le/les mêmes indicateurs au moment de la prise de position et à la sortie (sauf si les cours n'ont pas fluctué). Pour cette raison, nous vous proposons d'utiliser le concept d'ATM que nous avons défini comme l'utilisation du bon indicateur au bon moment.

2. Quoi et comment regarder

Si la volatilité représente 60 % du poids d'une prise décision, les 40 % restant sont dus au comportement des indicateurs techniques.

À un moment donné, un produit financier n'est pas haussier ou baissier. La multitude de besoins des opérateurs nous a conduit à définir une grille des horizons de temps pour cadrer la durée d'une prévision ou d'une opération. Il existe une tendance pour un certain horizon de temps et, sur un autre horizon de temps, pour le même produit, la tendance peut être identique ou inverse.

Notre démarche pragmatique après plus de vingt ans de pratique intensive nous a conduits à sélectionner différents indicateurs pour leurs performances dans le créneau où ils avaient été conçus. Cette idée simple échappe à la majorité des analystes techniques soi-disant professionnels[30]. Pour cette raison, nous allons définir trois états de marchés et indiquer quels sont les indicateurs les plus appropriés pour analyser les dits marchés.

2.1. Le temps

À un instant donné, pour un produit, certains opérateurs ont une position à la hausse et d'autres à la baisse. Ils peuvent être indifféremment gagnants ou perdants. Tout dépend du prix où ils sont entrés dans le marché. Certains d'entre eux tiennent une position pour quelques minutes et d'autres pour plusieurs mois voire plusieurs années.

Nous avons sélectionné des durées pendant lesquelles les opérateurs restent en position. Ceci permet d'analyser la tendance pour chaque classe d'horizon de temps appelée unité de temps en ATDMF.

Ce qu'il faut savoir : plus la durée d'engagement sur une position est longue dans le temps, plus le montant des capitaux engagés est important.

Il sera donc possible d'établir comment prendre position avec un maximum de sécurité. Il suffit de contrôler si la tendance sur un horizon de temps immédiatement supérieur à celui sur lequel on souhaite opérer est identique

29. Des efforts sont demandés aux lecteurs. Oubliez toutes les notions archaïques que vous avez pu lire sur différents supports. Si certains indicateurs vous sont familiers, il y a de fortes chances que la façon dont vous les utilisez soit obsolète. N'oubliez pas qu'ils ont été conçus à une époque où les conditions de marchés n'avaient rien à voir avec les conditions actuelles.

30. Il suffit d'analyser les indicateurs utilisés dans une étude et se demander s'ils sont utilisés à bon escient. Par exemple : le stochastique, indicateur borné, est conçu pour analyser un marché sans tendance. Pourquoi l'utiliser pour expliquer que le marché va décaler fortement.

au sens de notre prise de position. Ce contrôle qualitatif doit se transformer en règle de gestion. Si sur l'horizon de temps encore plus éloigné la tendance est identique, la probabilité de réaliser des plus-values augmente. Il sera utile d'itérer cette démarche et de contrôler sur combien d'horizons (plus éloignés) la tendance reste inchangée.

2.1.1. *Dynamique des horizons de temps*

Un opérateur débutant, qui se trouve dans une situation perdante, peut être tenté de requalifier[31] l'horizon de temps pour lequel il a pris position. C'est un moyen efficace pour se ruiner.

Si les plus-values sont significatives à l'issue de la durée maximale de notre unité de temps, il est envisageable de requalifier l'horizon de temps initial en unité de temps plus éloignée. Nous verrons qu'un certain nombre de contrôles doivent être effectués avant de prendre une telle décision[32].

Un avertissement de changement de tendance est observé avec la présence d'une IEN sur l'unité de temps inférieure.

Pour opérer avec un maximum de sécurité, nos analyses sont présentées sous forme de triptyques représentant différentes unités de temps consécutives.

- L'unité de temps correspondant à l'horizon de travail de l'opérateur s'appelle unité de temps majeure.
- Le nom de l'unité de temps supérieure à l'unité de temps majeure est l'unité de temps principale.
- L'unité de temps inférieure à l'unité de temps majeure se nomme unité de temps de contrôle.

2.1.2. *Tableau récapitulatif des unités de temps*

Horizon de la prévision (min/max)	Unité de temps (à utiliser)
5 à 12 séances	Jour
5 à 12 semaines	Semaine
5 à 12 mois	Mois
5 à 12 trimestres	Trimestre
5 à 10 ans	Année

Différents triptyques sont utilisés selon la nature du travail effectué par l'analyste :

- recherche d'opportunité ;
- gestion de position ;
- analyse économique.

31. Rallonger la durée de l'opération : classer une opération de trading en l'intégrant à un portefeuille en espérant avoir raison sur un horizon de temps plus éloigné.
32. Il y a quelque temps, une position prise de bonne heure le matin et supposée être dénouée le soir même l'a été au bout de quatorze séances.

2.2. *État d'un produit*

La détermination de l'état d'un produit, pour une unité de temps donnée, permet de savoir quel type d'indicateur il faut privilégier.

Les trois états sont : sans tendance, tendance faible, tendance forte.

L'état se détermine à l'aide des bandes de Bollinger et de la moyenne mobile de Bollinger sans se préoccuper du niveau de la volatilité.

2.2.1. *Marché sans tendance*

Graphique sur lequel les bandes et la moyenne mobile de Bollinger sont plates.

Graphique 3.2. – Marché sans tendance

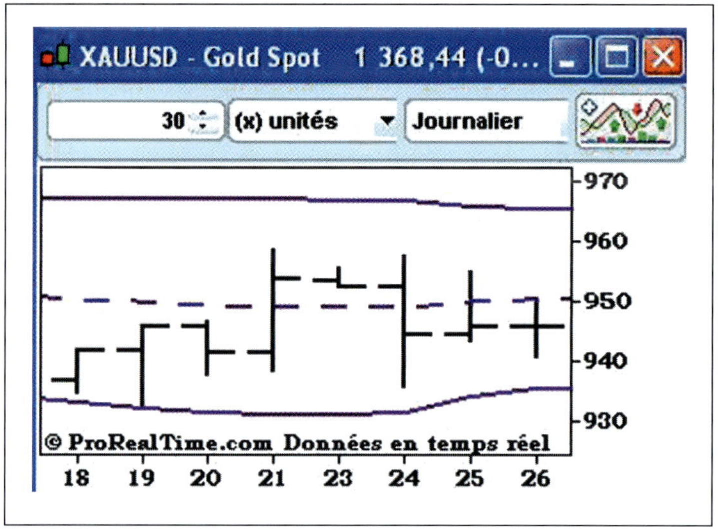

Les bandes de Bollinger (lignes plates à l'extérieur des cours) restent plates ainsi que la moyenne mobile de Bollinger en pointillés.

2.2.2. *Marché avec une tendance faible*

Graphique sur lequel la moyenne mobile de Bollinger n'est pas plate et donc orientée à la hausse ou à la baisse. Les bandes de Bollinger sont également en tendance.

Graphique 3.3. – Marché avec une tendance faible

La moyenne mobile de Bollinger n'est pas plate (orientée à la hausse). Les bandes de Bollinger sont également orientées à la hausse.

2.2.3. Marché avec une tendance forte

Graphique sur lequel une clôture se trouve à l'extérieur d'une bande de Bollinger en présence d'une divergence des bandes de Bollinger et durant la période qui suit, dans un marché haussier, le plus haut de la période précédente est dépassé (le plus bas de la période précédente dans un marché baissier).

Graphique 3.4. – Marché avec une tendance forte

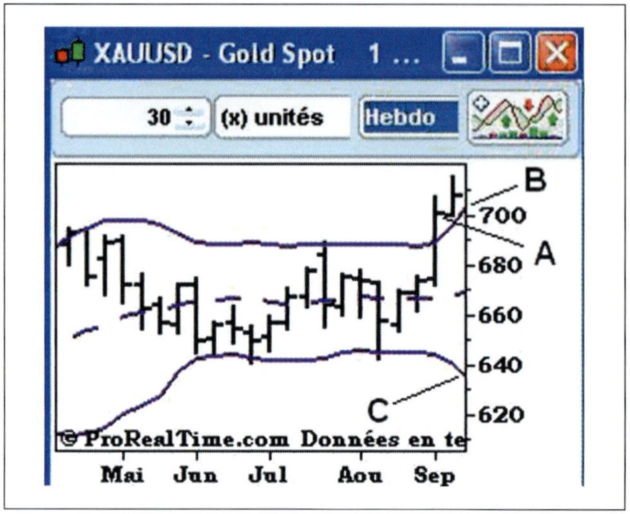

Une clôture (A) est observée à l'extérieur de la bande supérieure de Bollinger et les deux bandes commencent à diverger (B) et (C). Le sommet de (A) est dépassé durant la période suivante.

Remarques :

Il est rare d'avoir une hésitation sur l'état du marché.

En fonction de l'état d'un marché, un indicateur va être privilégié. C'est l'utilisation de l'ATM.

L'indicateur de référence pour analyser un marché sans tendance se nomme le stochastique.

L'indicateur de référence pour analyser un marché avec une tendance faible est le MACD.

L'indicateur de référence pour analyser un marché avec une tendance forte est composé de deux moyennes mobiles.

CHAPITRE 4

La volatilité

L'analyse de la volatilité joue un rôle central en ATDMF. Les outils traditionnels qui mesurent la volatilité d'un actif financier ne sont pas utilisables en analyse technique. Nous avons mis au point une approche visuelle pour « mesurer » la volatilité.

La volatilité représente 60 % du poids de la décision d'intervenir sur un marché.

Le potentiel de hausse de la volatilité permet d'anticiper les variations des cours à la hausse et à la baisse[33]. Si la mesure de la volatilité se fait par rapport à son passé il s'agit de volatilité historique. Si la mesure se fait, à un moment donné, par rapport à d'autres produits il s'agit de volatilité implicite. Toutes deux se mesurent en pourcentage. Elles évoluent entre un minimum et un maximum. Le niveau minimum n'est jamais remis en cause. Le niveau maximum est stable pendant une durée de quelques années. Il progresse par à-coups lors d'événements internes ou externes aux produits (financiers, économiques ou politiques, etc.). Leurs représentations graphiques ne sont pas exploitables en analyse technique. C'est un défaut rédhibitoire.

Nous avons mis au point un nouveau type de volatilité, adapté à la pratique de l'analyse technique. Cette volatilité est basée sur l'écartement des bandes de Bollinger.

1. Principes

En ATDMF, la volatilité se mesure à partir de l'écartement des bandes de Bollinger[34]. La variation de la volatilité, d'une période par rapport à la suivante est donc la différence de niveau de volatilité entre deux périodes successives.

Écart, mesuré en %, entre le point (A) bande supérieure et le point (B) bande inférieure.

On parlera de volatilité minimale, volatilité de référence, volatilité maximale et de franchissement de la volatilité maximale.

Graphique 4.1. – Représentation de la volatilité en ATDMF

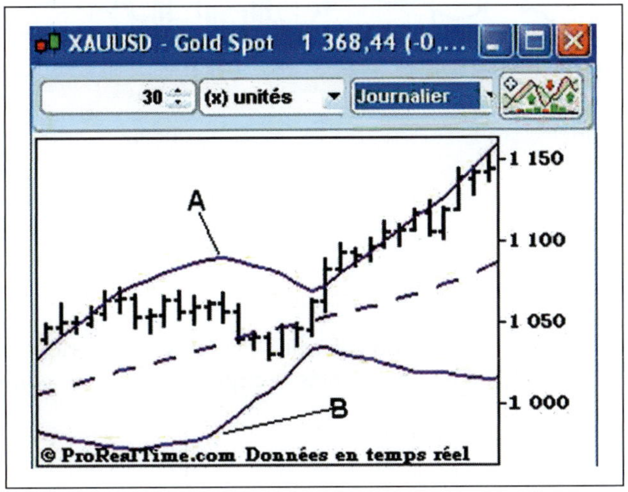

33. Idée de base de l'ATDMF, mise au point en 1994.
34. Les indicateurs sont disponibles sur tous les logiciels boursiers. http://www.Prorealtime.fr. Présentation des Bandes de Bollinger (*cf.* page 87).

2. Niveaux de volatilité

2.1. *Volatilité minimale*

C'est l'écartement minimal des bandes de Bollinger constaté sur un horizon de temps donné pour un produit spécifique sur un historique de 150 à 200 périodes.

Graphique 4.2. – Volatilité minimale

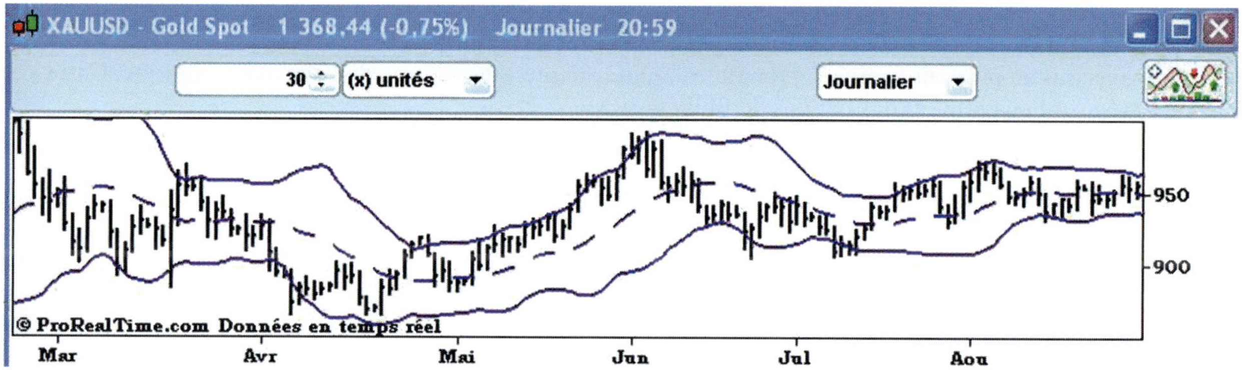

La volatilité actuelle (écartement des bandes à l'extrême droite du graphique) est inférieure aux écartements qui ont précédé un décalage de cours significatif. Actuellement, la volatilité est minimale.

2.2. *Volatilité de référence*

C'est un niveau de volatilité légèrement supérieur au niveau minimal. C'est avec ce niveau que le dernier mouvement de hausse ou de baisse important[35] sur les cours a été observé.

35. Fonction de l'unité de temps utilisée.

Graphique 4.3. – Volatilité de référence

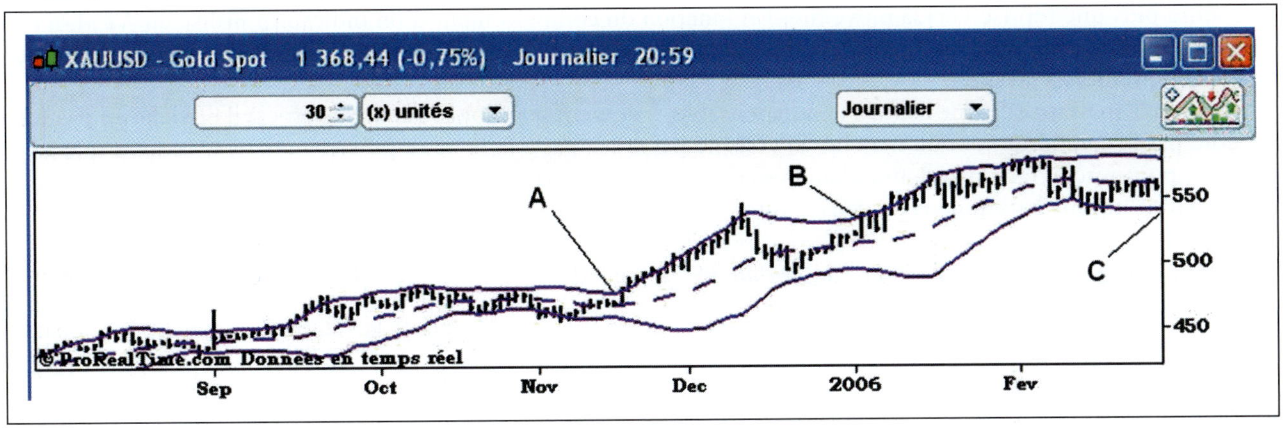

En (A) le niveau de volatilité est minimal. En (B) le niveau de la volatilité, supérieur à celui de (A), a permis d'observer un mouvement de hausse significatif. En (C), l'écartement des bandes est similaire à celui observé en (B). Un mouvement d'une amplitude équivalente à celui intervenu à la suite du point (B) est possible à partir de (C).

Graphique 4.4. – Volatilité maximale

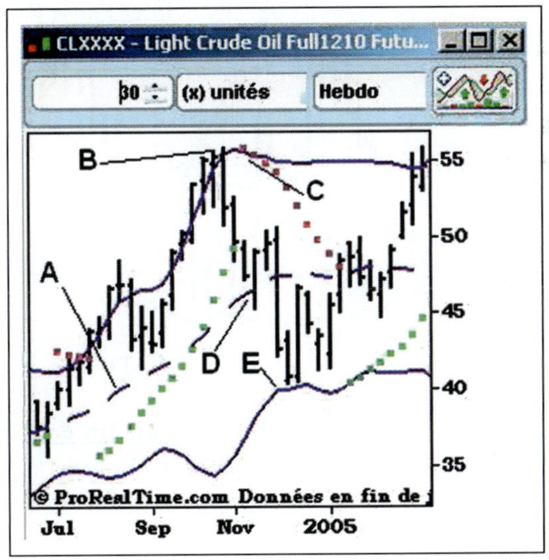

2.3. Volatilité maximale

À la suite d'un mouvement puissant, à la hausse ou à la baisse, les bandes de Bollinger et la moyenne mobile se stabilisent à l'horizontale sans que cette situation ne soit précédée d'une convergence des bandes de Bollinger.

La moyenne mobile de Bollinger (A) est orientée à la hausse. En (B) les cours culminent avant que la bande supérieure de Bollinger se stabilise (C). Peu après la moyenne mobile (D) puis la bande inférieure (E) se stabilisent sans qu'il y ait eu de contraction des bandes. En (E) les cours utilisent la bande comme support et remontent vers la moyenne et la bande supérieure.

Remarques :

Pour que les cours puissent baisser au-dessous de (E), il aurait fallu observer une dynamique baissière de la bande inférieure. Ceci ne se produit qu'exceptionnellement.

Dès que la moyenne a été traversée à la baisse, un bon analyste technique a anticipé : une baisse vers la bande inférieure puis une reprise vers la moyenne. En fonction du comportement d'un indicateur utilisé en ATM, il est possible d'anticiper la suite de l'évolution des cours. Soit la moyenne va servir de résistance, soit un retour vers la bande supérieure est attendu.

Lorsque l'analyste effectue ce travail indispensable, il devient psychologiquement fort car il ne se laisse pas surprendre par le comportement du marché. Si vous ne parvenez pas à faire cette prévision, dans le cadre d'une analyse d'opportunité, il faut abandonner l'analyse de ce produit et passer à un autre. Dans certains cas, la vision long terme porte sur plusieurs années et, dans d'autres cas, se limite au maximum à quelques périodes.

2.4. Franchissement de la volatilité maximale

Périodiquement, sur des horizons de temps de grande ampleur, le niveau de la volatilité maximale est dépassé puis se stabilise pour donner un nouveau niveau maximal de volatilité.

Graphique 4.5. – Franchissement de la volatilité maximale

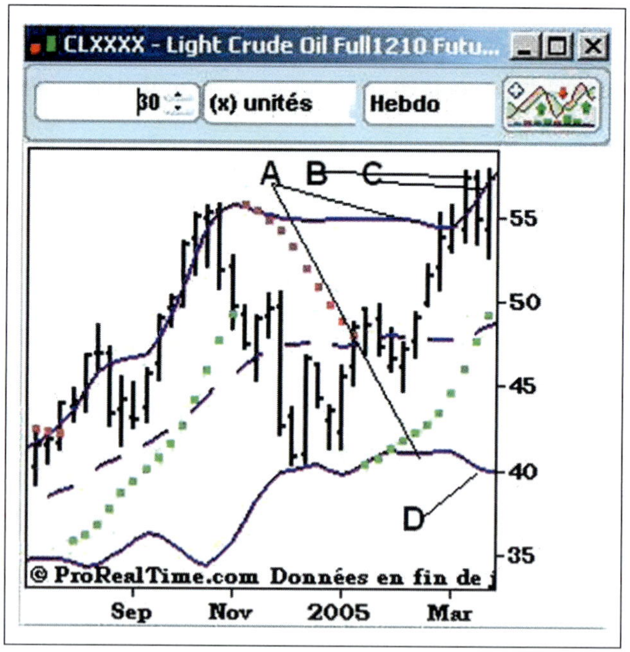

En (A) la volatilité est maximale. La bande supérieure devrait servir de résistance. Une baisse des cours vers la moyenne mobile ou la bande inférieure est attendue. Mais une clôture se produit en (B) à l'extérieur de la bande supérieure. Ceci provoque un début de dynamique sur chacune des bandes (C) et (D). La hausse des cours va se poursuivre. Le niveau maximum de la volatilité deviendra l'écart (en %) observé lorsque les deux bandes se stabiliseront.

Remarque :

Une clôture à l'extérieur d'une bande de Bollinger ne provoque pas automatiquement une dynamique sur les bandes de Bollinger.

3. Utilisation de la volatilité

En 1993 nous avons remarqué que l'amplitude de la fluctuation des cours est directement liée au potentiel de hausse de la volatilité. Le niveau maximum de volatilité étant connu, ainsi que le niveau actuel, il est possible de savoir si une prise de position se justifie ou pas.

La relation entre la hausse de la volatilité et l'amplitude de fluctuation des cours n'est pas une relation linéaire.

La fin de la hausse de la volatilité se visualise à l'aide des bandes de Bollinger et de certains indicateurs de l'ATM.

Remarques :

Pour pouvoir opérer, la volatilité doit être minimale ou de référence.

Si la hausse de la volatilité se produit sur une période très courte, il ne sera pas possible de profiter du mouvement.

Des précautions sont nécessaires puisque cette situation est statistiquement de type exceptionnel.

Chapitre 5

ATM

Un indicateur technique n'a pas vocation à être universel, sinon il s'appellerait une martingale. L'ATM a pour objet d'utiliser le bon outil au bon moment. Si le marché est sans tendance, l'indicateur à privilégier est le stochastique. Si la tendance est faible, le MACD est l'indicateur le plus approprié et si la tendance est puissante, la lecture de deux moyennes mobiles donne des résultats optimaux. Les algorithmes et paramètres d'origine peuvent avoir été modifiés pour que leur fonctionnement en commun soit cohérent.

1. Stochastique[36]

1.1. Principes

Le stochastique est un indicateur borné dont les valeurs sont exprimées en pourcent et fluctuent de 0 à 100. Sa formule prend en compte une comparaison entre le dernier cours et les extrêmes observés sur un certain nombre de périodes (en général 14). C'est l'indicateur idéal pour suivre un marché sans tendance.

Il se compose de deux lignes qui sont le stochastique %K et sa moyenne mobile %D.

Lorsque %K passe au-dessus de %D à la hausse, une reprise des cours ou l'arrêt de la baisse se produit. Inversement, lorsque %K passe au-dessous de %D à la baisse, la reprise des cours est terminée, un mouvement inverse est possible. Dans un marché sans tendance, la limite de la hausse des cours est la bande supérieure de Bollinger si la moyenne mobile de Bollinger ne sert pas de résistance. Situation inverse à la baisse avec un mouvement maximal limité à la bande inférieure de Bollinger.

Dans la partie haute du graphique, le marché est sans tendance (bandes et moyenne mobile de Bollinger plates). La hausse s'arrête lorsque les cours atteignent la bande supérieure de Bollinger (A) et la baisse se termine lorsque les cours arrivent au niveau de la bande inférieure de Bollinger (B). Sur la partie inférieure du

Graphique 5.1. - Stochastique et bandes de Bollinger (marché sans tendance)

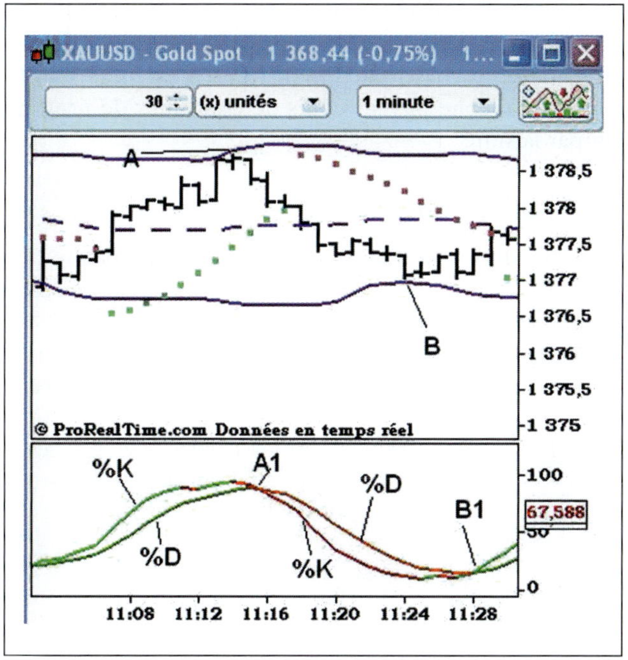

36. Décrit par George C. Lane, *Technical Analysis of Stocks and Comodities*, May/June 1984.

graphique, le stochastique est représenté. Pendant la hausse des cours %K se trouve au-dessus de %D. Peu après le retournement des cours (A), %K croise à la baisse %D (A1). %D passe au-dessus de %K peu après que le point bas sur les cours a été observé. Il y a confirmation d'un retournement de tendance lorsque %K croise %D en (B1).

Remarques :

Il n'est pas possible d'utiliser cet indicateur pour prendre position car le croisement intervient après le retournement. Voir (A1) et (B1) par rapport à (A) et (B).

Si %K et % D ne se croisent pas lorsque les cours dépassent en clôture une bande de Bollinger, il est probable que le marché ne soit plus sans tendance.

1.2. Spécificité

Les deux courbes %K et %D sont souvent superposées et illisibles. Cette situation peut se produire lorsque l'état du marché n'est pas sans tendance.

En (A) clôture à l'extérieur d'une bande de Bollinger avec divergence des bandes (tendance forte). À partir de (B) sur le stochastique l'indicateur n'est plus lisible. Ceci n'empêche pas les cours de continuer de progresser par la suite.

1.3. Utilisation

Dans un marché sans tendance, le stochastique permet de suivre le marché. Tant que le stochastique n'a pas croisé sa moyenne mobile, la tendance en cours ne peut pas être remise en cause. Nous utilisons cette propriété dans certains marchés avec une tendance forte.

Graphique 5.2. – Stochastique illisible (marché avec une tendance forte)

2. MACD[37]

2.1. *Principes*

Le MACD est un indicateur ouvert formé de deux courbes :
- le MACD, qui est une moyenne mobile exponentielle ;
- le Signal, qui est une moyenne mobile exponentielle du MACD.

Lorsque les deux courbes se croisent à la hausse, cet état permet d'anticiper une hausse du produit analysé. Lorsque les deux courbes se croisent à la baisse, cet état permet d'anticiper une baisse du produit analysé.

2.2. *Exemple*

Avant (A) la moyenne mobile de Bollinger est orientée à la hausse et les cours sont entre les bandes. La tendance est faible. En (A1) le MACD croise à la baisse son Signal. Ceci indique qu'un mouvement de baisse sur les cours a débuté. Les conditions de marché sont inchangées jusqu'en (B1) lorsque le croisement du MACD et de son Signal se fait à la hausse. À partir de (B) les cours progressent.

Graphique 5.3. – Utilisation d'un MACD

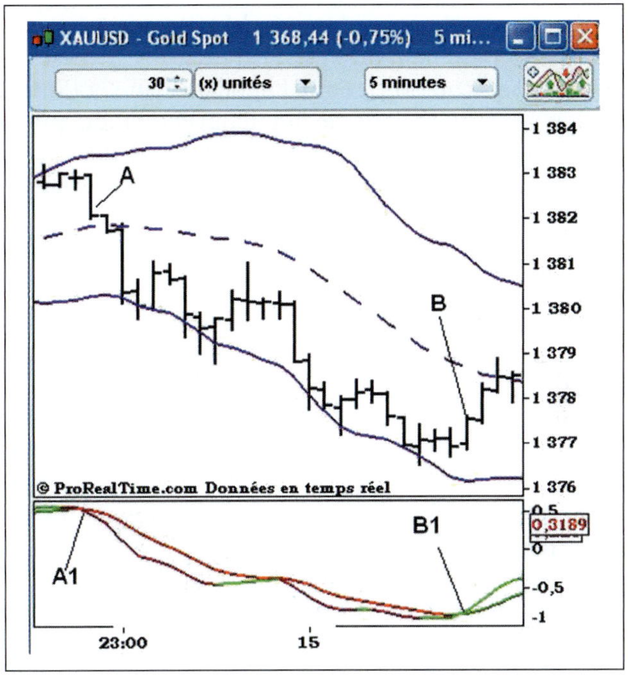

2.3. *Utilisation*

Le MACD, en tant qu'indicateur de gestion de position, n'a qu'un faible intérêt. Il est opérationnel pour un type de marché avec une tendance faible. Ce n'est pas un type de position que prend un particulier. Du point de vue sécurité, il est indispensable. Il permet de confirmer et de quantifier les informations observées sur le stochastique.

37. Due à Appel Gerald, *Technical Analysis Power Tools for Active Investors*, 1999, Financial Times/prentice Hall, p. 166.

Remarque :

Le MACD peut devenir illisible lorsque le mouvement en cours est particulièrement puissant. Ceci signifie que, pour continuer à anticiper le comportement du marché, l'utilisation de nos moyennes mobiles est recommandée.

3. Stochastique et MACD

Le stochastique et le MACD sont deux indicateurs indissociables pour mesurer la puissance d'un mouvement et confirmer ou modérer une analyse faite à l'aide de nos moyennes mobiles.

3.1. Dynamique verticale

Les paramètres standards du MACD ont été modifiés pour être en phase avec le comportement du stochastique. Le croisement du MACD et de son Signal est observé à la suite du croisement de %K avec %D. Sur les unités de temps comprises entre l'hebdomadaire et l'intraday, un croisement simultané des deux indicateurs stochastiques et MACD indique un mouvement de puissance standard. Sur les unités de temps mensuelles et trimestrielles, le standard est une période de retard pour le croisement du MACD par rapport au stochastique. Sur une unité de temps annuelle, le standard est d'observer un décalage de deux périodes entre le croisement du stochastique et du MACD. Un décalage inférieur à l'écart standard indique un renforcement du mouvement attendu. Un décalage supérieur à l'écart standard indique un manque de puissance du mouvement attendu.

3.2. Dynamique horizontale stochastique et MACD

Des IEP peuvent être observées sur les deux indicateurs. Le mouvement sera d'autant plus puissant que les IEP se situent sur des unités de temps à long terme.

3.3. Configurations propres au stochastique et au MACD

Ces deux indicateurs sont très populaires auprès des analystes techniques. Les termes suivants sont régulièrement rencontrés dans les analyses :

3.3.1. État suracheté/survendu

3.3.1.1. État suracheté

Observé lorsque l'indicateur croise sa moyenne mobile à la baisse. Dans ce cas, le produit va arrêter de progresser ou va baisser.

3.3.1.2. État survendu

Observé lorsque l'indicateur croise sa moyenne mobile à la hausse. Dans ce cas, le produit va arrêter de baisser ou va se stabiliser.

Graphique 5.4. – État suracheté/survendu

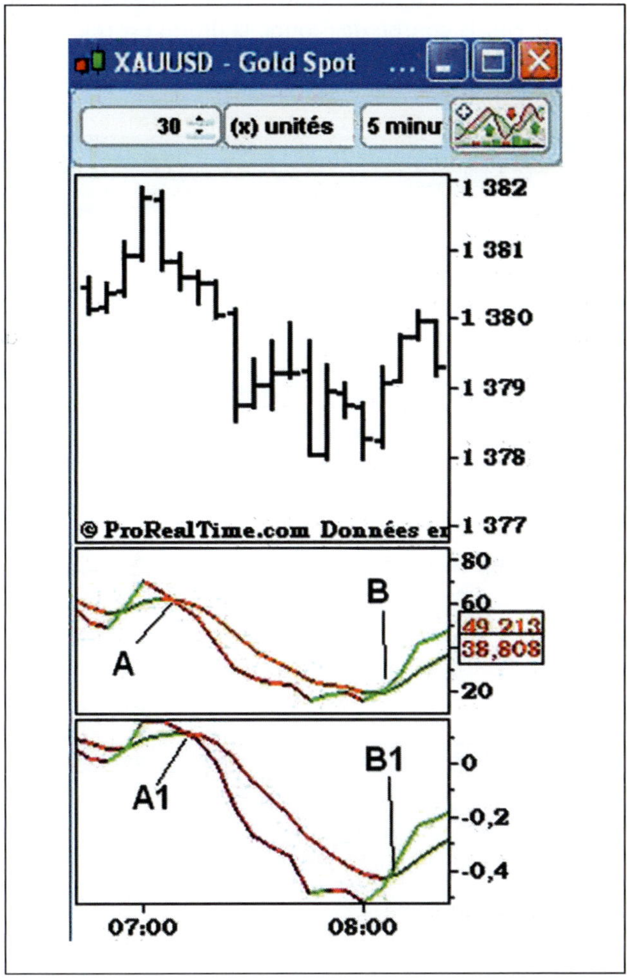

Le marché est suracheté en (A) sur le stochastique et en (A1) sur le MACD. En (B) le stochastique est survendu et en (B1) le MACD est survendu. Le passage de l'état suracheté à survendu s'est accompagné d'une baisse des cours. Une fois les indicateurs survendus, une reprise ou une hausse des cours est possible.

3.3.2. Divergence baissière/haussière

Une divergence peut correspondre à un changement de tendance[38].

Cette situation est observée, sous certaines conditions, en faisant une analyse dynamique de deux états surachetés ou survendus successifs. Il convient de comparer les tendances formées par des droites qui relient les extrêmes sur les cours et les droites tracées sur le stochastique ou le MACD.

3.3.2.1. Divergence baissière

Dans un marché haussier (la moyenne mobile de Bollinger est orientée à la hausse) tant que les cours progressent, l'opérateur garde sa position. Un sommet est repéré par un état suracheté du stochastique et du MACD.

Le mouvement suivant est-il une simple correction technique ? Si c'est le cas, il convient de conserver sa position. Dans le cas contraire (changement de tendance), il faut déboucler la position le plus rapidement possible.

Dans un marché haussier, chaque sommet sur les cours se fait à un niveau supérieur au précédent. La droite qui relie les deux sommets est donc orientée à la

38. En ATDMF cette situation n'est retenue que sur les unités de temps : annuelle, trimestrielle et mensuelle.

hausse. Il y aura divergence baissière si la droite, qui relie les sommets successifs correspondants à ceux des cours (sur un ou plusieurs indicateurs), est orientée à la baisse.

Remarque :

La droite tracée sur les indicateurs se fait en prenant appui au niveau de retournement, le plus extrême, de l'indicateur. Sur la courbe des cours, la droite est tracée à partir des points hauts/points bas.

Graphique 5.5. – Divergence baissière

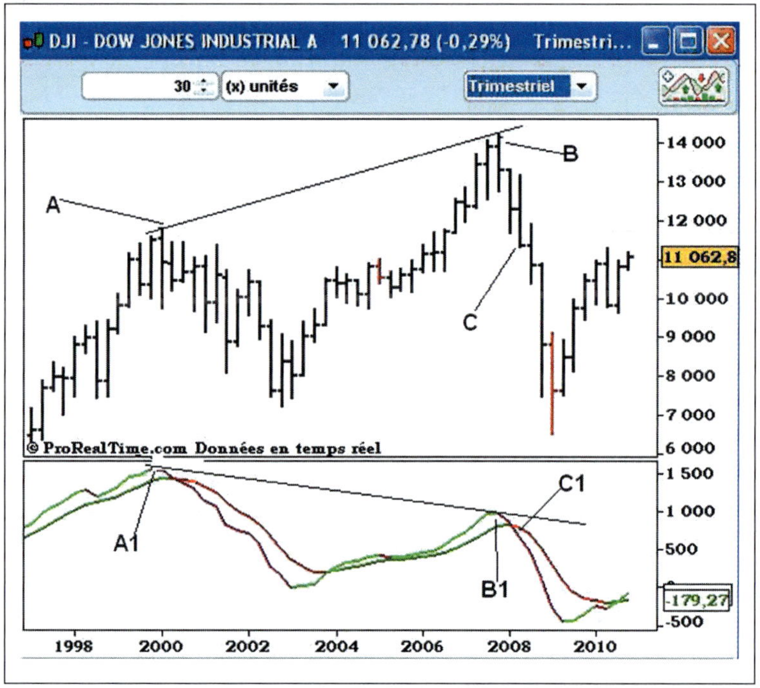

Sur le graphique des cours, la tendance est haussière puisque le sommet (B) se trouve au-dessus du sommet précédent (A)[39]. Sur la courbe de l'indicateur (stochastique ou MACD[40]), la courbe qui relie les zones d'inflexion (A1) et (B1) correspondant aux sommets (A) et (B) est orientée à la baisse.

Dès que le croisement en (C1) est confirmé, un changement de tendance sur les cours (C) est attendu. Le signal est obtenu peu de périodes après le plus haut (B).

Remarque :

Un état suracheté sur le MACD indique qu'un sommet sur les cours vient d'être validé.

39. Une moyenne mobile de Bollinger serait orientée à la hausse.
40. Il s'agit d'un MACD car le stochastique évolue entre 0 et 100.

3.3.2.2. Divergence haussière

Dans un marché baissier (la moyenne mobile de Bollinger est orientée à la baisse) tant que les cours baissent, l'opérateur garde sa position. Un plancher est repéré par un état survendu. Le mouvement suivant est-il une simple reprise technique ?

Dans ce cas, il convient de conserver sa position. Dans le cas contraire (changement de tendance), il faut déboucler la position le plus rapidement possible.

Dans un marché baissier, chaque plancher sur les cours se fait à un niveau inférieur au précédent. La droite qui relie les deux planchers est donc orientée à la baisse. Il y aura divergence haussière si la droite qui relie les planchers successifs sur un ou plusieurs indicateurs est orientée à la hausse.

Graphique 5.6. – Divergence haussière

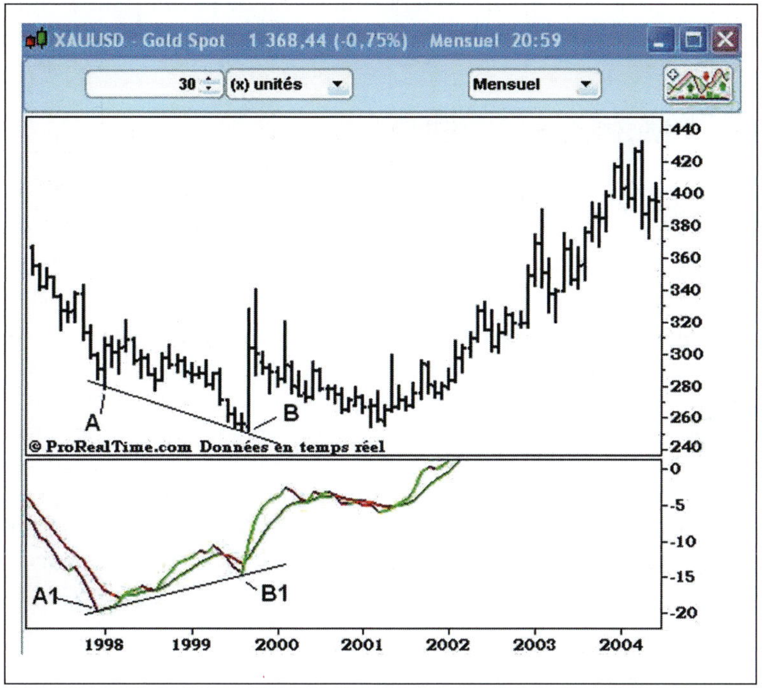

Remarques :

Un état survendu sur l'indicateur indique qu'un point bas vient d'être observé.

Pour tracer les droites, il faut attendre une clôture pour être certain que le croisement observé sur l'indicateur sera présent au début de la période suivante. Tant que la période n'est pas terminée, une modification du croisement/non-croisement peut se produire. Le non-respect de cette consigne est une erreur impardonnable[41].

Sur la courbe des cours, les points bas successifs (A) et (B) sont de plus en plus bas. Sur la courbe de l'indicateur, la droite (A1) – (B1) est orientée à la hausse. À partir du point (B), un mouvement de hausse puissant intervient.

41. La sanction financière est toujours sévère.

3.3.3. *Anticipation de l'évolution du stochastique et du MACD*

Les algorithmes du stochastique et du MACD sont complexes. Une projection visuelle/manuelle des trois prochaines périodes doit être tentée. Ce qu'il faut anticiper : l'indicateur va-t-il rester parallèle à sa moyenne mobile ? Dans ce cas, la poursuite de la tendance sur les cours ne sera pas remise en cause. Selon que l'état actuel fait suite à un croisement ou à un non-croisement, on peut anticiper la fluctuation de cours encore possible. L'anticipation du comportement de la moyenne mobile et des indicateurs sur l'unité de temps supérieure permet d'affiner le jugement.

Dans le cas où l'indicateur perd de sa puissance, un croisement avec %D ou avec le Signal est envisageable. Une anticipation d'état suracheté/survendu ou de divergence doit être envisagée.

Remarques :

Si la projection est aléatoire, le mieux est de passer à autre chose. Un particulier n'est jamais obligé de prendre une position. À partir du moment où il y a un doute, il est opportun de chercher un produit plus facile à analyser.

4. Moyennes mobiles

Les opérateurs utilisent l'analyse technique pour profiter de fortes variations de cours.

Le rôle des moyennes mobiles est essentiel. Faire des prévisions, c'est anticiper le comportement des indicateurs. En général, les moyennes mobiles se prêtent facilement à cet exercice avec l'ATDMF. Nous détaillons les techniques pour que cela devienne un automatisme.

L'analyse des moyennes mobiles est, en ATM, celle qui sera privilégiée en présence d'une tendance forte. Le croisement entre une moyenne courte et une moyenne longue est l'indicateur le plus utilisé en analyse technique. La facilité de calcul et d'utilisation y est pour beaucoup. Au début de l'analyse technique, face aux outils chartistes, l'utilisation du croisement de deux moyennes mobiles permettait de faire des merveilles. Cependant, ce n'est plus la martingale que de nombreuses personnes cherchent. À noter les excellentes publications produites en 1980 et 81 par Merrill Lynch[42] qui, dans une approche classique, font le tour de la question.

Plusieurs reproches doivent être faits à l'utilisation de ces moyennes mobiles : indicateur suiveur du marché, résultats catastrophiques lorsque la tendance n'est pas puissante.

---

42. Merrill Lynch, Pierce, Fenner & Smith Inc., *Commodity Research Report*, Feb. 1979, 1980 (documents rarissimes, mais du plus haut intérêt, cité également par Murphy *op. cit.*).

4.1. Principes

Généralement les moyennes mobiles sont de type arithmétique. Lorsque les deux moyennes se croisent à la hausse l'opérateur a un signal d'achat. Lorsque le croisement se fait à la baisse il y a un signal de vente. La quasi-totalité des opérateurs utilisent indifféremment les signaux pour entrer et sortir de position[43].

En ajoutant un filtre lors du croisement d'entrée en position, la qualité du signal est améliorée.

Il existe deux catégories de croisements : les croisements de type A qui correspondent à un changement de tendance et un croisement de type B qui est lié à un mouvement technique.

Remarque :

Nous utilisons depuis 1981 des moyennes à 7 et 23 périodes sur toutes les unités de temps.

4.1.1. Croisements

4.1.1.1. Croisement de type A (hausse et baisse)

En présence de ce type de croisement, un changement de tendance est en cours. Il se caractérise par le fait que la moyenne longue prend la tendance de la moyenne courte, au plus tard dans la période qui suit le croisement.

Remarque :

Si la tendance de la moyenne longue est identique à celle de la moyenne courte avant le croisement, la puissance du mouvement sur les cours est plus importante. La présence d'un croisement de type A n'implique pas que le mouvement sur les cours soit puissant.

4.1.1.2. Croisement de type B (hausse et baisse)

Au moins deux périodes après le croisement des deux moyennes mobiles, la tendance de chaque moyenne mobile reste opposée. Le mouvement sur les cours est de nature technique. En présence d'un croisement de type B, l'amplitude du mouvement sur les cours est toujours limitée.

43. Cette démarche est absurde puisqu'elle signifie que, lors de la prise de position, la tendance est déjà puissante.

Graphique 5.7. – Croisements de type A et de type B

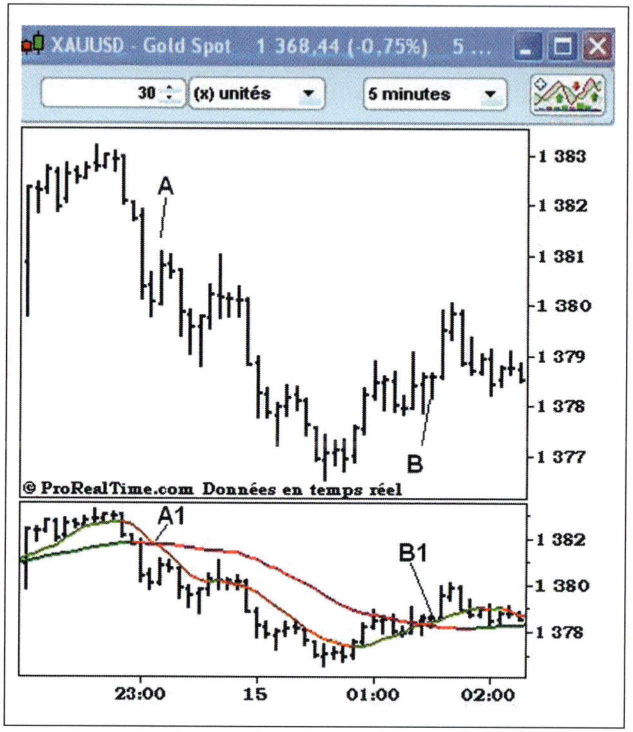

En (A1) les deux moyennes mobiles à 7 et 23 périodes se croisent à la baisse. Les deux moyennes sont orientées à la baisse avant le croisement. Il s'agit d'un croisement de type A.

Après le croisement (B1) la moyenne courte, en vert, est orientée à la hausse. La moyenne longue, en rouge, avant et après le croisement, reste orientée à la baisse durant 4 périodes. Le croisement est de type B.

Remarque :

Observez le mouvement sur les cours à la suite d'un croisement de type A entre les points (A) et (B) sur la courbe des cours. À la suite du croisement de type B, aucun mouvement significatif sur les cours ne se produit.

4.1.2. Non-croisement des deux moyennes mobiles

En présence d'un non-croisement entre les deux moyennes mobiles, dans 80 % des cas, un mouvement violent va se déclencher dans les prochaines périodes.

Graphique 5.8. – Non-croisement des moyennes mobiles

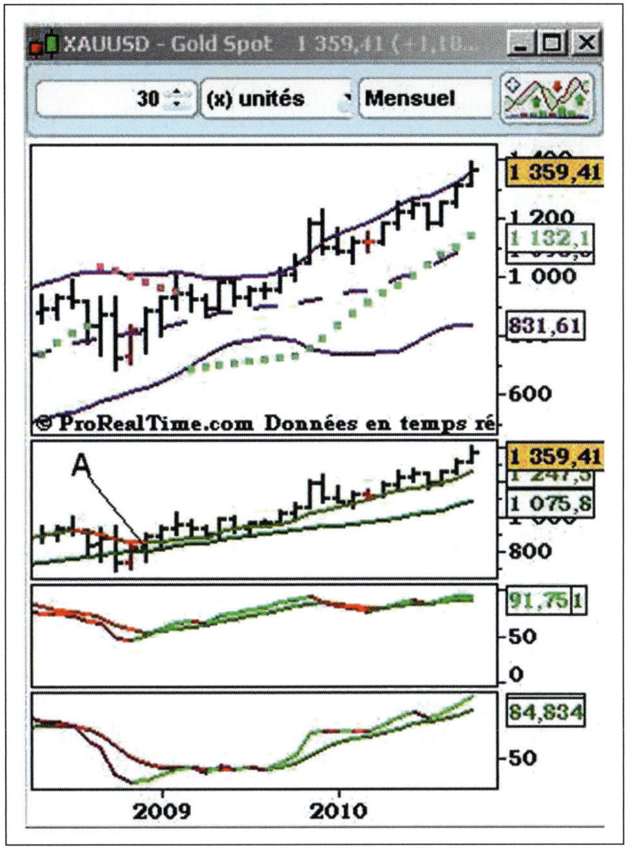

Sur le graphique des moyennes mobiles en (A) la moyenne courte est en rouge. Au lieu de croiser la moyenne longue en vert, la moyenne courte repart à la hausse et les deux moyennes ne se croisent pas. En (A) l'état s'appelle un non-croisement. Durant quelques périodes, les cours se stabilisent avant de s'envoler.

Remarques :

Souvent à la suite d'un non-croisement, une stabilisation des cours permet à l'opérateur d'entrer en position.

Il est utile de calibrer visuellement[44] le non-croisement en cours pour juger de la puissance du mouvement. Il s'agit d'une information exceptionnelle.

Suite à un croisement ou à un non-croisement, tant que la moyenne courte ne change pas de tendance[45], le croisement ou le non-croisement reste actif.

4.2. Anticipations

En ce qui concerne les moyennes mobiles, la simplicité du calcul permet d'anticiper la venue d'un croisement ou d'un non-croisement. Cette préparation psychologique de l'opérateur est fondamentale. La présence de non-croisement incite à prendre position[46].

44. En observant l'historique de l'unité de temps sur laquelle porte l'analyse. Rapidement cette démarche n'est plus nécessaire.
45. Dans le logiciel, programmer une couleur pour la hausse et une autre pour la baisse.
46. Un graphique sans non-croisement est un plat sans sel.

4.2.1. *Calcul d'une moyenne mobile sur 7 périodes*

Soit une suite de cours de clôture a, b, c, d, e, f, g, h, i, j.

La première moyenne mobile se calcule lorsque le septième cours de clôture est disponible. C'est la somme des 7 cours :

Cette moyenne M1 = (a + b + c + d + e + f + g)/7

La moyenne suivante M2 = (b + c + d + e + f + g + h)/7

La différence entre M1 et M2 est fonction de la différence entre le nouveau cours de clôture h et le cours retiré a.

M2 peut donc s'écrire M1 + (h – a)/7, c'est-à-dire que la nouvelle valeur de la moyenne mobile est égale à la moyenne mobile précédente augmentée de la différence entre le cours – 8 et le cours de clôture actuel. Le cours – 8 est connu et le cours de clôture actuel peut être estimé à l'aide des autres indicateurs techniques. Il est aussi possible de reproduire le cours de clôture précédent ou le cours actuel.

Pour le calcul de la prochaine valeur de la moyenne mobile longue, il suffit de comparer le cours de clôture actuel et le cours – 24.

En itérant cette démarche sur les trois périodes suivantes, pour chacune de nos deux moyennes mobiles, nous transformons l'utilisation classique des moyennes mobiles en indicateur d'anticipation.

Remarque :

En ATDMF il n'y a jamais d'obligation. Si l'anticipation des prochains cours est hasardeuse il est toujours possible de passer à autre chose. Notre longue expérience dans cet exercice d'anticipation montre que les cas où il faut renoncer à faire l'analyse sont rares : il faut moduler l'incertitude des prochains cours de clôture par la certitude que l'on a sur les cours retirés. Il est indispensable de s'entraîner pour arriver à faire la projection des prochaines valeurs des moyennes mobiles en moins de vingt secondes. Pour y parvenir, nous vous proposons l'analyse de quelques configurations de base. Tant que ce mécanisme d'anticipation n'est pas instinctif, la poursuite de l'étude de l'ATDMF 2011 est une perte de temps.

4.2.2. *Anticipation du comportement des moyennes durant les trois prochaines périodes*

Afin de pouvoir calculer rapidement les prochaines valeurs des moyennes mobiles, nous avons développé en 2001 une approche visuelle. Les informations nécessaires sont disponibles avec les graphiques de cours du module ATDMF[47]. Les cours à retirer pour calculer la nouvelle moyenne mobile (– 8 pour la moyenne courte et – 24 pour la moyenne longue) sont colorés en rouge. Il est donc très aisé d'anticiper les trois prochains cours de nos moyennes mobiles et de constater si un croisement ou un non-croisement est envisageable.

47. Logiciel Prorealtime http://www.prorealtime.fr

4.2.2.1. Moyennes dans le même sens

(A) cours de clôture actuel, (B) cours de clôture – 8, (C) cours de clôture – 24.

Le stochastique n'est pas suracheté (F1), c'est cependant le premier indicateur qui pourrait anticiper un changement de tendance. La tendance sur les cours va rester haussière, le MACD est l'indicateur à privilégier. À partir de (G1) il est possible de poursuivre la tendance des deux courbes sans envisager de croisement (état suracheté). La hausse des cours ne sera pas remise en cause. Pour nos calculs, nous pouvons donc utiliser des cours de clôtures : A + 1, A + 2 et A + 3 en légère progression ou pour être très conservateur garder un niveau inchangé. La moyenne courte (D) sera donc égale à :

1 299,6[48] + (1 368,44[49] – valeur de B +1)/7.

Les valeurs suivantes sont obtenues à partir de la nouvelle valeur de la dernière valeur de la moyenne mobile + (1 368,44 – valeur de B + 2), etc.

Avec la poursuite de la hausse de notre stochastique et de notre MACD, il est exclu que le cours de clôture de B + 3 soit supérieur au cours de clôture que l'on va ajouter. La hausse de la moyenne courte (D) est donc certaine pour les trois prochaines périodes.

Le calcul de l'évolution, dans les trois prochaines périodes, de la moyenne mobile à 23 périodes (E) se fait selon le même principe : le cours de clôture de (B + 1) est remplacé par celui de (C + 1) et la division par 7 est remplacée par 23.

Graphique 5.9. – Poursuite de la tendance des deux moyennes mobiles

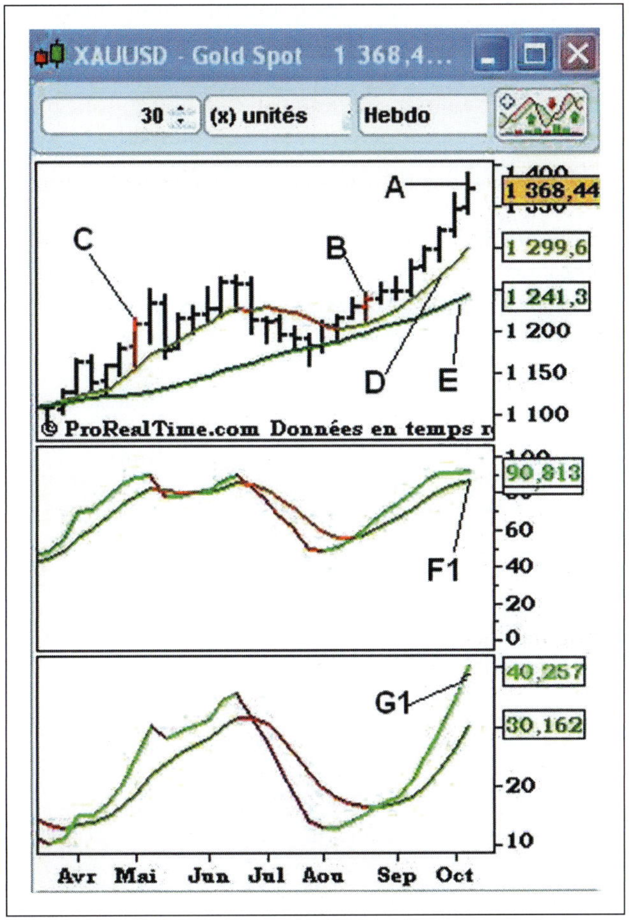

Remarques :

La moyenne longue progresse plus lentement que la courte puisque les cours retirés sont similaires alors que le diviseur est très différent.

48. Valeur actuelle de la moyenne mobile.
49. Prochaine valeur du cours de clôture (ici inchangé dans notre hypothèse).

Il est conseillé de pousser les itérations tant que l'écart est significatif entre les cours ajoutés et les cours retranchés. Dans le graphique présenté, tant que les prochains cours de clôture ne seront pas au niveau de (B), la moyenne longue va progresser (au minimum durant les dix prochaines périodes). Avec cette dernière hypothèse, la moyenne courte va s'orienter à la baisse. Un croisement des moyennes courte et longue peut être envisagé. Le croisement sera de type (B). C'est l'information la plus importante car elle permet d'anticiper la tendance à plus long terme. Cette analyse est le travail que doit fournir un analyste (technique ou économiste) : prévoir l'avenir[50]. Analyser le passé ne sert à rien car il est immuable.

4.2.2.2. Moyennes dans le sens opposé (croisement de type B)

Graphique 5.10. – Moyennes mobiles en sens opposé

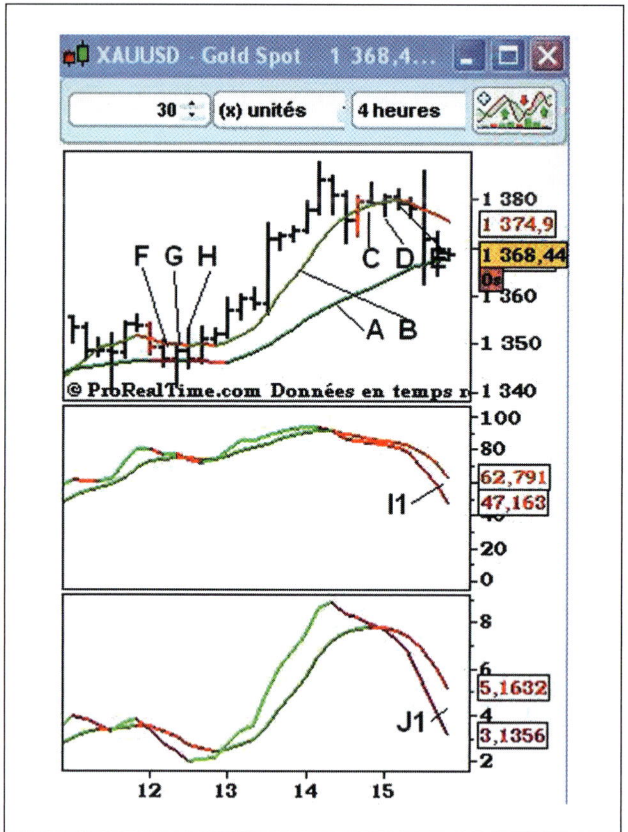

Le principe appliqué est le même que précédemment.

En (I1) le stochastique va continuer de baisser pendant les 3 prochaines périodes. Situation similaire en (J1) sur le MACD. Il est donc possible de retenir pour les trois prochaines clôtures un cours de 1 360 contre 1 368 actuellement. La moyenne mobile courte (B) va continuer de baisser puisque les cours retirés (C), (D), (E) sont plus élevés que 1 360.

La moyenne mobile longue (A) va continuer de progresser puisque les cours retirés (F), (G), (H) sont moins élevés que 1 360.

Cependant, au bout des trois prochaines périodes, il est peu probable d'assister à un croisement des deux moyennes mobiles (un non-croisement est exclu). Mais la moyenne longue va continuer de progresser au minimum durant les trois périodes qui suivent (H). Le croisement de type B devrait être intervenu.

50. C'est sur ce critère que nous « vendons » l'avance de l'ATDMF par rapport aux autres approches.

4.2.2.3. Croisement dans le même sens (croisement type A)

Graphique 5.11. – Inversion de tendance des deux moyennes mobiles (croisement de type A)

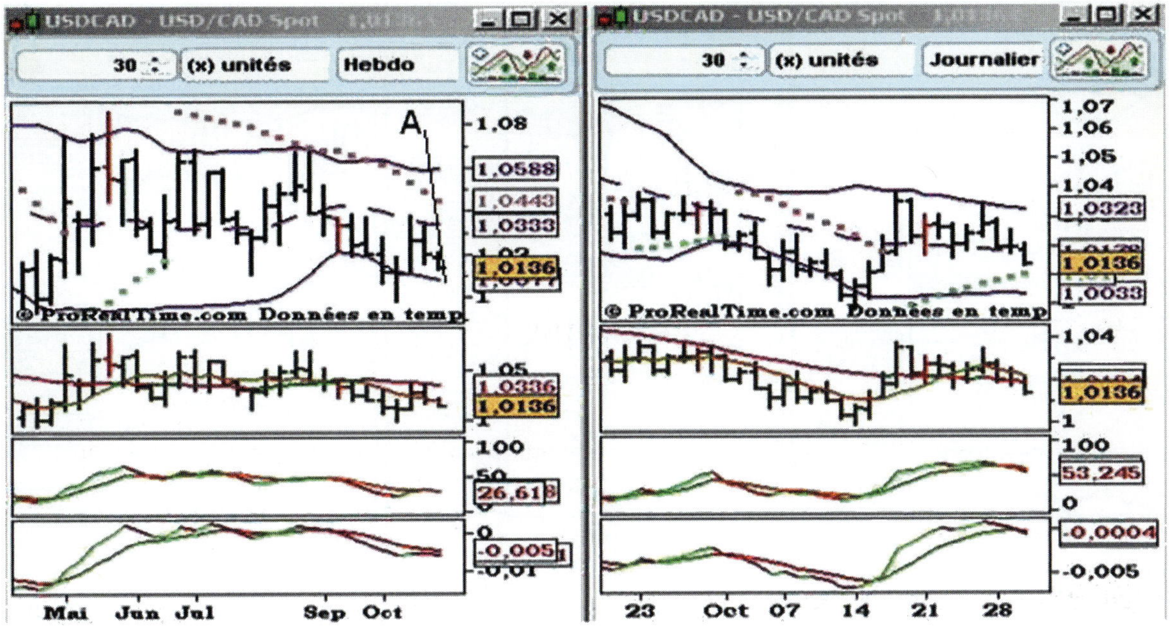

Sur les moyennes mobiles du graphique journalier, un croisement de type A à la baisse est envisageable si les deux moyennes se croisent. Actuellement, les deux moyennes (second graphique en partant du haut) sont déjà orientées à la baisse. Le stochastique et le MACD sont baissiers. Sur le graphique hebdomadaire, tous les indicateurs techniques sont orientés à la baisse. (A) est un objectif attendu. Sur le graphique journalier, les cours – 7 à – 4 et – 23 à – 21 retirés seront supérieurs aux cours ajoutés. Un croisement de type A est donc certain.

4.2.2.4. Non-croisement

Graphique 5.12. – Non-croisement des moyennes mobiles

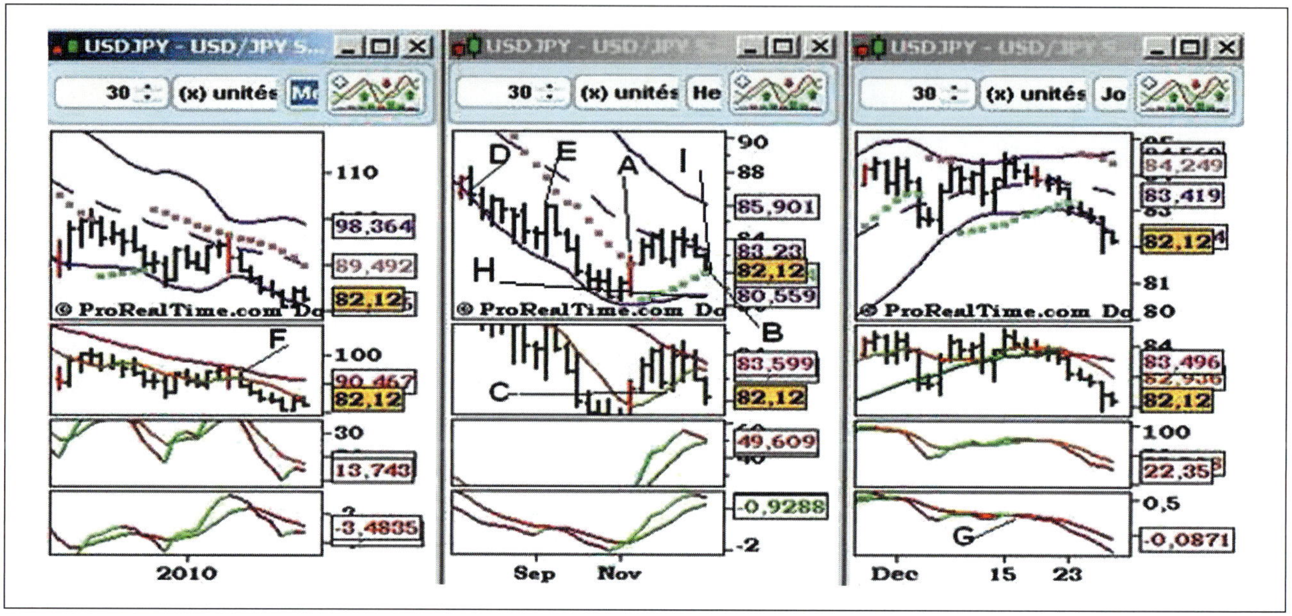

Cette configuration se produit si la moyenne mobile à 7 périodes refuse de croiser la moyenne mobile longue.

Sur le graphique hebdomadaire le cours – 8 (A) est plus élevé que le cours de clôture actuel (B). La moyenne courte (C) est orientée à la baisse. La probabilité que la moyenne longue ne croise pas la moyenne courte est donc envisageable. L'évolution de la moyenne longue ne pose pas de problème pour les 4 voire les 7 prochaines périodes puisque les cours retirés resteront supérieurs aux cours ajoutés : (D) à (E) avec une estimation de prochains cours de clôture inchangés.

Pour la moyenne courte, une anticipation de poursuite de la baisse dans les prochaines périodes validerait le scénario.

Sur le graphique mensuel (à gauche), la tendance est baissière du fait de la présence d'un non-croisement sur les moyennes mobiles (F) qui ne peut pas être remis en cause avant un minimum de trois périodes. De plus, un non-croisement sur le stochastique et sur le MACD devrait être validé d'ici la fin du mois (dans 2 séances). Une amplification de la baisse est acquise. Ceci signifie que, sur le graphique hebdomadaire, tout mouvement de hausse ne peut être qu'une reprise technique.

Graphique 5.12. – Non-croisement des moyennes mobiles

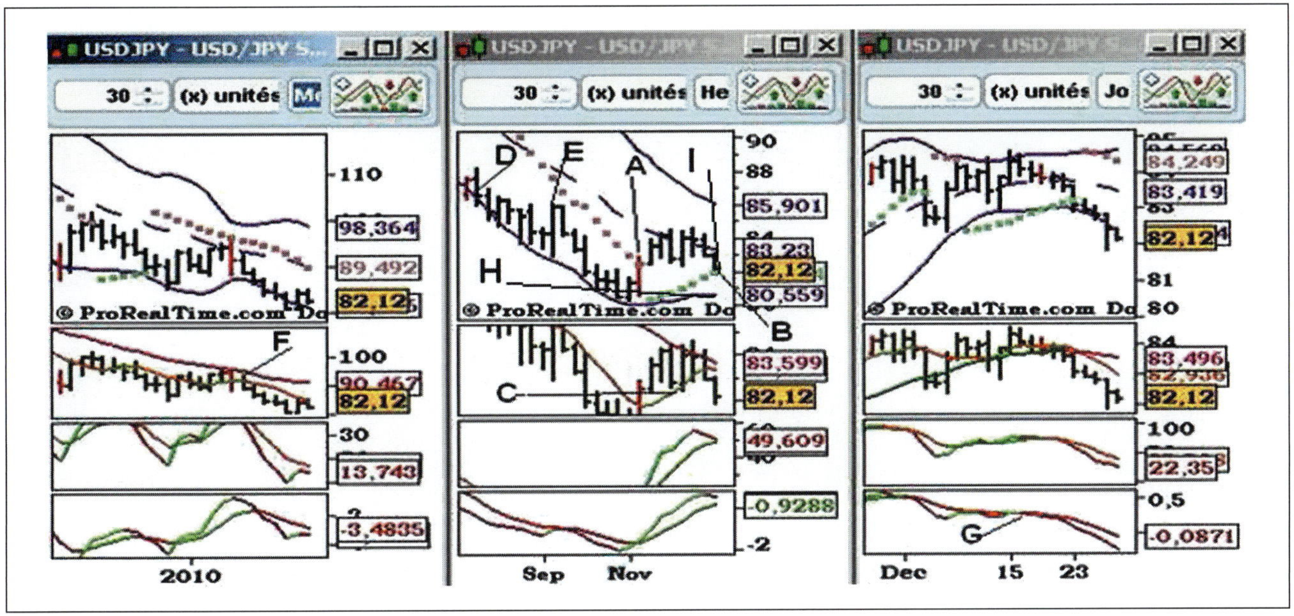

Sur le graphique journalier à droite, une hausse de la volatilité intervient depuis trois périodes en faisant suite à une volatilité minimale (stabilisation des bandes de Bollinger durant une quinzaine de périodes à la suite d'une convergence des bandes de Bollinger). Le croisement de type A des moyennes mobiles ne sera pas remis en cause durant les prochaines périodes. Le stochastique ne sera pas survendu durant les trois prochaines périodes et le non-croisement (G) sur le MACD va se poursuivre. Un franchissement à la baisse de (I) d'ici la fin de la semaine est probable au vu de la situation du graphique journalier. Si cette hypothèse se confirme le stochastique et le MACD seront surachetés et plus rien ne s'opposera à une baisse vers (H).

Dans ce cas, la moyenne à 7 périodes va plonger puisque les cours – 7 à – 2 sont de plus en plus élevés.

Chapitre 6

Les indicateurs de supports et résistances

Puisque nous cherchons des produits qui décalent fortement, il faut que les calculs d'objectifs soient ouverts. Depuis la fin des années 90 de nombreux exemples sur les marchés actions ont fait voler en éclats les vieux principes de l'analyse technique[51]. *La technique adoptée pour profiter de la majeure partie des mouvements violents consiste à remplacer des niveaux fixes (et arbitraires) d'objectifs par des indicateurs basés sur des moyennes mobiles (parabolique et bandes de Bollinger). Ces indicateurs vont suivre l'évolution des cours et nos objectifs (les indicateurs) vont s'adapter au gré des fluctuations des marchés. Des figures spécifiques à l'ATDMF sont utilisées pour la gestion et la sortie des positions. Il est donc possible de déterminer la durée pendant laquelle va se poursuivre le mouvement en cours.*

1. Parabolique[52]

1.1. Principe

C'est une moyenne mobile particulière car la courbe de représentation est discontinue (d'où l'habitude de la représenter par des points vert lorsque l'indicateur monte et rouge lorsque l'indicateur baisse).

Nous n'utilisons pas le parabolique au sens de Wilder. Lorsque les cours sont situés au-dessus du parabolique, il sert de support. Le parabolique sert de résistance lorsque les cours sont situés au-dessous. Pour désigner le parabolique nous utilisons la lettre P. Ainsi le parabolique sur un graphique mensuel s'écrit PM. L'algorithme de calcul du parabolique est complexe et de nombreux logiciels d'analyse technique proposent des calculs approximatifs. Sachant que le parabolique est l'indicateur le plus fiable au niveau de la qualité des signaux envoyés, il est indispensable de travailler avec un outil correctement étalonné.

Tant que le parabolique se situe au-dessous des cours, ceci signifie que la tendance est haussière. Lorsque les cours croisent le parabolique, la prochaine valeur du parabolique se situera au niveau de l'extrême de la séquence qui vient de se terminer. La figure formée par les points donne des informations sur la puissance du mouvement en cours : si la figure forme une droite, le mouvement sera de faible ampleur. Plus la figure s'approchera de la représentation d'une parabole, plus le mouvement sera puissant. Ce type d'analyse est secondaire en ATDMF.

---

51. Par exemple : à la hausse en ce qui concerne la bulle sur les TMT fin 1999, à la baisse sur les titres bancaires US à partir de 2007.
52. J. Welles Wilder, Jr., *New Concepts in Technical Trading Systems*, MC Leansville, NC, Trend Research, 1978.

Graphique 6.1. – Représentation du parabolique

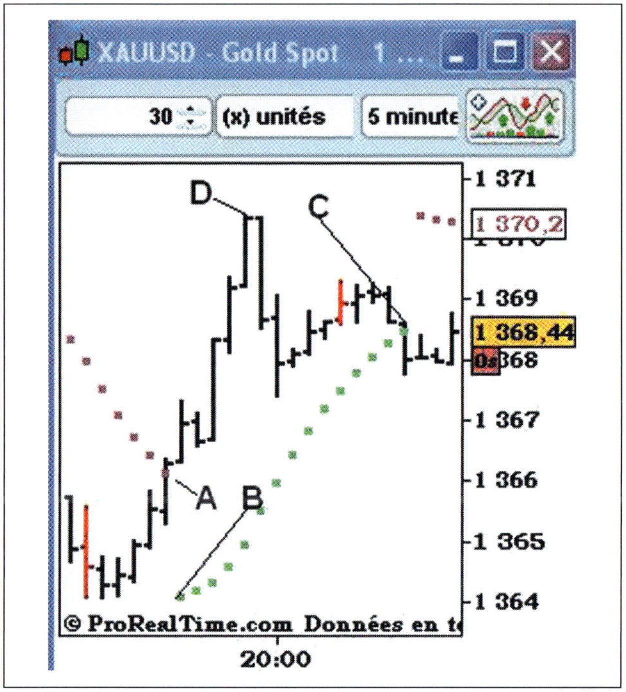

En (A) les cours traversent le parabolique. Dans la période suivante, une discontinuité due à la réinitialisation d'un coefficient positionne le parabolique au niveau du point bas de la séquence (B). Ensuite, le parabolique accompagne la hausse des cours. Lors d'une correction, les cours traversent le parabolique (C). La prochaine valeur du parabolique sera celle du plus haut de la séquence qui vient de se terminer (D).

En vert, le parabolique forme une courbe de type parabole. Une hausse puissante est attendue. Les trois dernières valeurs, en rouge, forment une droite presque plate. Le mouvement de baisse en cours devrait avoir une amplitude limitée.

Remarque :

L'intérêt du parabolique concerne uniquement les marchés avec une tendance forte. Toutes les explications qui suivront impliquent de se trouver dans cet état.

1.2. Utilisation

Dans un marché haussier (baissier), le parabolique progresse (baisse). A un moment donné, le parabolique va croiser la moyenne mobile de Bollinger. Dans la majorité des cas (80 %), durant la période où le parabolique croise la moyenne mobile de Bollinger, un retournement de tendance sur les cours se produit. Avec cette hypothèse, des exceptions sont observées. Le retournement s'effectue à parts égales soit dans la période qui précède, soit dans la période qui suit le croisement du parabolique avec la moyenne mobile de Bollinger.

Dans les 20 % de cas restant, une poursuite de la tendance est observée sur les cours deux périodes après le croisement avec la moyenne mobile de Bollinger. Cette situation est une IEP qui se rencontre de plus en plus souvent depuis 2010.

Remarque :

Statistiquement, tant que le parabolique n'est pas dans la période qui précède le croisement avec la moyenne mobile de Bollinger, le mouvement de hausse ou de baisse sur les cours doit se poursuivre.

1.3. Approche dynamique

Le parabolique n'est pas concerné par cette fonctionnalité.

1.4. Conclusion

Le parabolique joue un rôle central en ATDMF du fait de la fiabilité des informations fournies dans un marché en tendance forte.

2. Bandes de Bollinger

2.1. Principes

C'est un outil statistique développé par John Bollinger[53] au début des années 80. Un cours moyen sert à calculer une moyenne mobile sur 20 périodes. À partir de cette moyenne mobile (dite de Bollinger) notée M, on calcule une enveloppe avec plus et moins deux écarts-types. La bande supérieure est notée U et la bande inférieure est notée L. M, U et L servent de support et de résistance selon la position des cours. L'écartement des bandes U et L permet de mesurer la volatilité. 86 % des cours se situent à l'intérieur des bandes[54]. Une clôture à l'extérieur d'une bande peut devenir une information exceptionnelle.

(A) = bande supérieure de Bollinger, se note pour le graphique hebdo UW ; (B) = bande inférieure de Bollinger, se note pour le graphique hebdo LW ; (C) = moyenne mobile de Bollinger, se note pour le graphique hebdo MW. L'écart entre (A) et (B) permet de mesurer la volatilité.

Graphique 6.2. – Cours et bandes de Bollinger

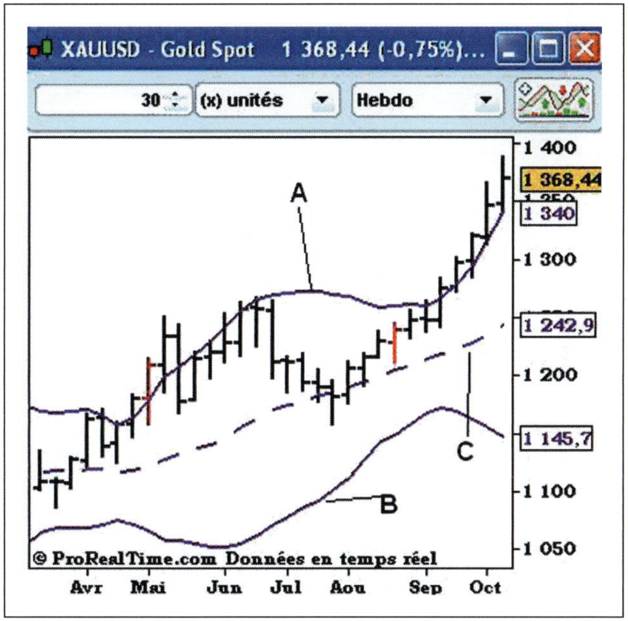

53. John Bollinger, www.bollingerbands.com, Bollinger on Bollinger Bands, 2002, McGraw-Hill.
54. La distribution des cours suit une loi Log-Normale.

2.2. *Supports et résistances.*

Lorsque les cours se situent à l'intérieur des bandes, les objectifs sont les supports et résistances formés par U, M, L et P. Lorsque deux ou plusieurs objectifs sont proches l'un de l'autre, on retient celui qui est le plus éloigné par rapport aux cours. La présence de plusieurs objectifs au même niveau sera plus significative et plus difficile à franchir. L'objectif suivant étant U, M, L et P éloignés.

Lorsque les cours se situent à l'extérieur d'une bande, le premier objectif est à rechercher sur l'unité de temps supérieure. Si la situation est identique sur l'unité supérieure, il est nécessaire de chercher l'objectif sur une unité de temps supérieure encore plus éloignée.

Remarque :

Le changement d'unité de temps pour trouver un objectif est un signe de puissance.

En ATDMF, dans un marché avec une forte tendance, les bandes de Bollinger forment des figures qui sont utilisées pour gérer et sortir de position[55].

55. Dans son ouvrage Bollinger on Bollinger bands, J. Bollinger présente nos deux figures.

Chapitre 7

Spécificité de l'ATDMF 2011, les IEP et les IEN

La présence d'IEP permet de prendre position si aucune IEN n'est détectée. Les IEP et IEN sont de nature objective et donc facile à analyser.

Une erreur de l'analyste ou de l'opérateur dans la détection d'une IEP ou d'une IEN impliquera obligatoirement d'avoir un résultat inverse à celui escompté.

Pour anticiper un mouvement d'amplitude importante, la présence de plusieurs IEP et l'absence totale d'IEN sont un préalable obligatoire.

Pour augmenter la sécurité, il est nécessaire d'observer sur différentes unités de temps des IEP sur la volatilité et sur les indicateurs techniques. Il existe une seule IEP basée sur l'analyse de la volatilité. Elle est basée sur une clôture à l'extérieur d'une bande de Bollinger. Les IEP observées sur les indicateurs techniques proviennent principalement de non-croisements[56]. Pour qu'un non-croisement soit une IEP, il doit être orienté dans le sens pour lequel l'opérateur souhaite prendre position.

Différents types de non-croisements coexistent : ceux qui se produisent entre les cours et un indicateur, ceux qui proviennent d'un indicateur et de sa moyenne mobile et enfin ceux qui sont observés entre deux indicateurs.

Si un indicateur est privilégié en fonction de l'état du marché, les autres indicateurs peuvent apporter des IEP complémentaires ou une IEN. L'analyse dynamique[57] (sur les unités de temps supérieures) permet d'affiner notre analyse et de fournir également des IEP et des IEN.

Comme nous utilisons différents outils, il n'est pas nécessaire d'observer une IEP sur tous les indicateurs. En revanche, en ce qui concerne la volatilité la présence de l'IEP est obligatoire. Son absence constitue une IEN.

L'observation des indicateurs techniques permet de relever la présence ou l'absence d'IEP et d'IEN, celles-ci pouvant être fonction du statut de l'opérateur ou de l'analyse dynamique pratiquée sur les unités de temps[58].

Le volume des échanges sur les devises dépasse l'ensemble des transactions sur les autres marchés. Les devises se traitent de gré à gré[59], les détails des transactions ne sont pas disponibles. Nous utilisons une autre technique que l'analyse des volumes pour s'assurer que les échanges permettent de gérer nos positions. La mesure des échanges peut donner lieu à une IEN.

Pour pouvoir être crédible, une approche d'analyse technique doit pouvoir s'appliquer à l'ensemble des marchés financiers. Une personne extérieure à la finance croirait rêver en s'apercevant que telle approche tient compte des volumes traités et n'est donc pas applicable au principal marché.

---

56. La seule information exceptionnelle qui existe en analyse technique classique est la notion de divergence.
57. Cette approche que nous avons développée en 1994 est passée dans les mœurs des analystes techniques.
58. Nous avons déjà mentionné l'importance de préciser à qui est destinée une méthode d'analyse technique. Les IEP et IEN ne sont pas les mêmes pour tous les opérateurs. En trading, certaines IEP et IEN sont spécifiques.
59. Par téléphone et réseaux privés de communications. Il n'existe pas d'organisme de compensation qui pourrait comptabiliser les échanges.

1. IEP et IEN sur la volatilité

Définition des IEP et IEN sur la volatilité

1.1. Détection de l'IEP

Rappelons que la volatilité représente 60 % du poids dans la décision d'opérer.
Pour observer une IEP, les critères suivants sont requis :
– convergence des deux bandes de Bollinger ;
– puis formation d'un tube durant un minimum de 6 périodes sans clôture des cours à l'extérieur d'une bande,
– moyenne mobile de Bollinger plate ;
– volatilité minimale ou de référence ;
– clôture à l'extérieur d'une bande de Bollinger accompagnée d'une divergence des bandes de Bollinger, chacune ayant une dynamique qui lui est propre.

Graphique 7.1. – Volatilité minimale/de référence

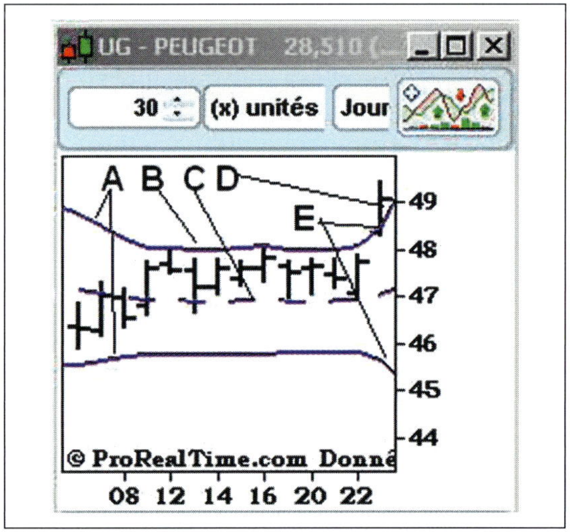

En (A) convergence des bandes de Bollinger suivie de la formation d'un tube (B) sans clôture à l'extérieur d'une bande de Bollinger. Dans le tube, la moyenne mobile de Bollinger (C) est plate. L'analyse de l'historique de la volatilité montrerait que la volatilité est minimale. En (D) la clôture se fait en dehors de la bande supérieure de Bollinger. Durant la période (D), les bandes de Bollinger s'écartent à nouveau (E).

1.2. Détection d'une IEN

Une IEN se caractérise par l'absence d'un seul des critères définis pour observer une IEP.

1.3. Autre IEN sur la volatilité

Elle est due à une baisse de la volatilité entre T2 et T4.

En (A), un T1 est observé. La dynamique de la bande opposée est nettement plus faible que celle où les cours sont à cheval. Durant les deux périodes suivantes, la dynamique propre à chacune des bandes n'est pas remise en cause. Durant T4, en (B), la dynamique de la bande opposée est remise en cause. C'est une IEN qui impose de liquider la position. Par la suite, les cours réintègrent l'intérieur des bandes de Bollinger.

Graphique 7.2. – Bande opposée sans dynamique

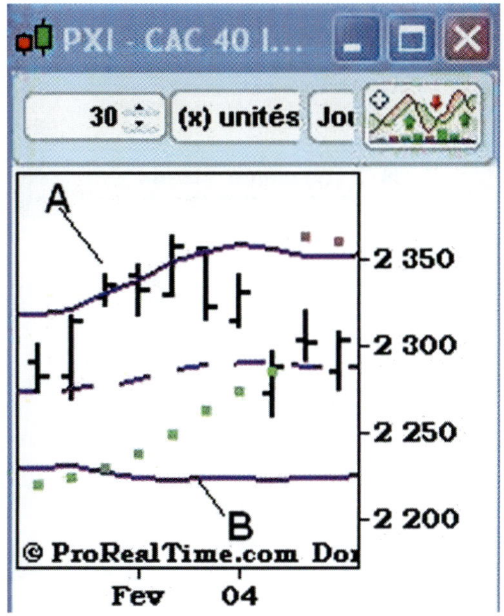

2. IEP et IEN rencontrées avec les indicateurs de l'ATM

Définition des IEP et IEN sur les indicateurs de l'ATM. Le respect des informations contenues dans ce chapitre vous permettra de nombreuses satisfactions. Si une opération est perdante, le non-respect d'un critère présenté en sera probablement la cause.

Les indicateurs utilisés en ATM sont le stochastique, le MACD et les moyennes mobiles.

La puissance d'un mouvement est fonction de la présence d'une ou de plusieurs IEP sur une unité de temps.

2.1. Stochastique et MACD

Un non-croisement reste en activité tant que %K ou tant que le MACD n'a pas changé de tendance (couleur).

2.1.1. Stochastique

Une IEP est observée sur le stochastique en cas de non-croisement entre %K et %D.

Graphique 7.3. – IEP sur un stochastique

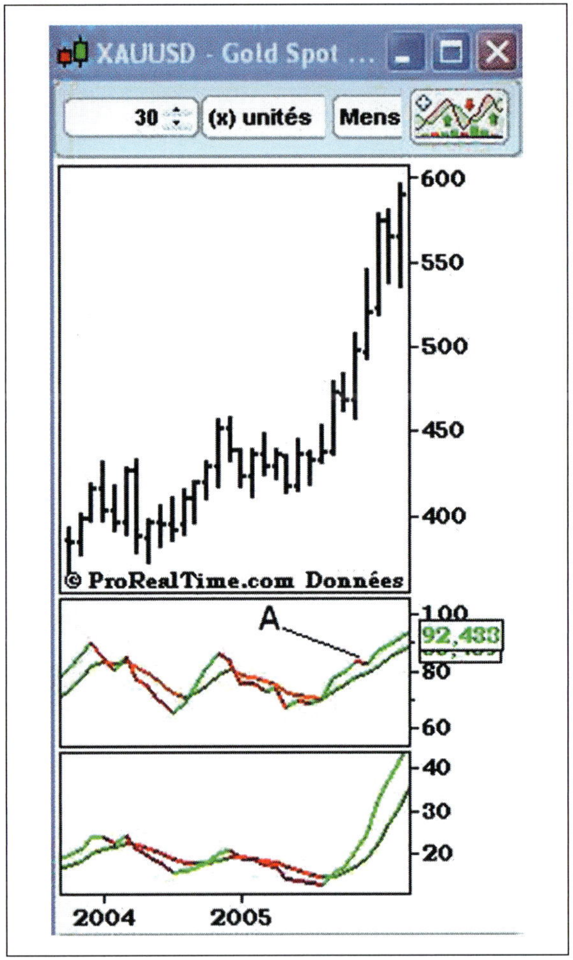

En (A) un non-croisement haussier est observé sur le stochastique. C'est à partir de la fin du non-croisement qu'une amplification de la hausse des cours est observée.

L'algorithme sur le stochastique a été modifié[60] afin de mettre en évidence les IEP.

Le stochastique étant l'indicateur de référence pour un état de marché sans tendance, l'IEP sur le stochastique sera la moins puissante des IEP.

Remarque :

Ce n'est pas parce qu'un produit est dans un certain état que les IEP et IEN sur les autres indicateurs ne doivent pas être analysées.

60. Disponible en standard dans le module ATDMF du logiciel Prorealtime : www.prorealtime.fr

2.1.2. *MACD*

Une IEP est observée sur le MACD en cas de non-croisement entre le MACD et son Signal.

Graphique 7.4. – IEP sur le MACD

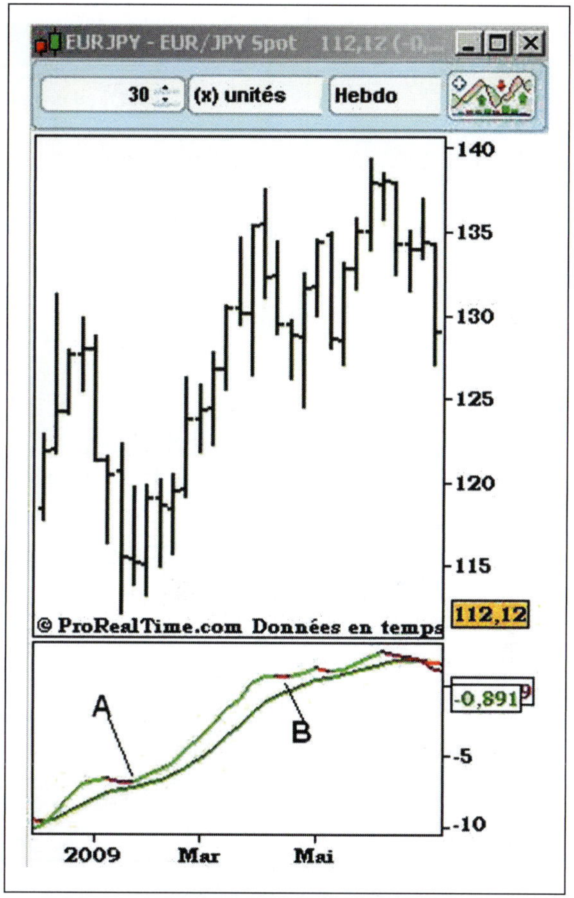

Un non-croisement sur le MACD est observé en (A) et se termine en (B) lorsque le MACD devient rouge (changement de tendance). Les cours ont progressé tant que le non-croisement était actif.

Remarques :

Lorsqu'une IEP cesse d'être active, ceci ne signifie pas que la tendance va s'inverser sur les cours, mais que l'influence de cette IEP est terminée.

La présence ou l'absence d'une IEP sur le stochastique est indépendante de sa présence sur le MACD. Deux cas sont envisageables :

2.1.3. IEP sur le stochastique et sur le MACD

Le mouvement attendu sera plus puissant qu'en présence d'une IEP sur le stochastique seul.

Graphique 7.5. – IEP sur un stochastique et sur un MACD

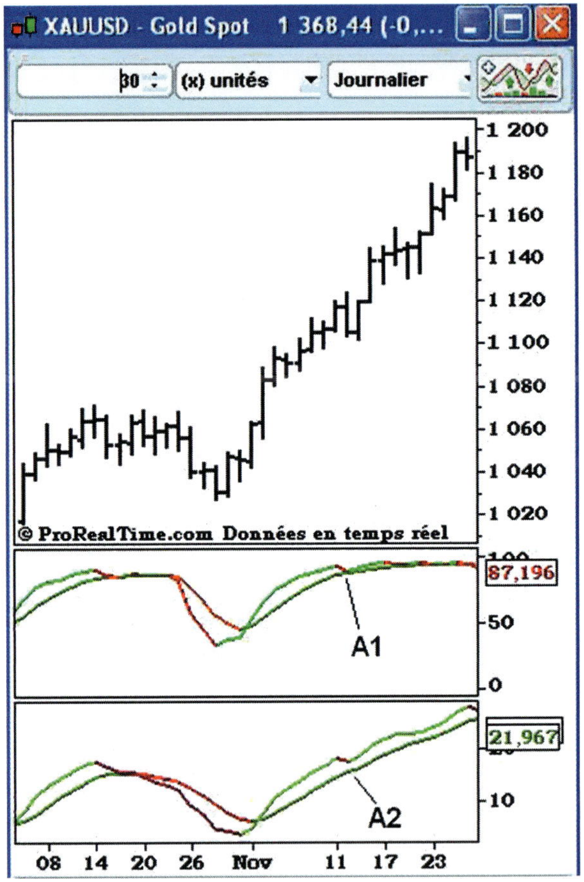

Un non-croisement haussier est observé sur le stochastique (A1) et sur le MACD (A2). Une amplification de la hausse des cours suit les non-croisements.

Remarque :

Peu de temps après (A1) la lecture du stochastique devient impossible. Ceci n'a rien de suspect puisque le stochastique est conçu pour servir de « loupe » dans un marché sans tendance. Le relais est pris par le MACD. En cas de nouvelle amplification de la hausse, le MACD pourrait devenir aussi illisible. Pour des mouvements aussi puissants, l'utilisation du MACD ou même des moyennes mobiles est inappropriée. Ce sont les figures formées par les bandes de Bollinger qui permettront d'optimiser la sortie de position[61].

Un non-croisement sur le stochastique, le MACD ou les deux sont des IEP. Comme nous l'avons mentionné, la puissance par ordre croissant est :

- un non-croisement sur le stochastique ;
- des non-croisements sur le stochastique et sur le MACD ;
- un non-croisement sur le MACD seul.

2.1.4. Analyse dynamique des IEP sur le stochastique et sur le MACD

Un mouvement sur les cours sera d'autant plus puissant qu'une IEP sera observée sur une unité de temps longue.

Si le stochastique est orienté dans un sens et que le MACD est orienté dans l'autre, une IEN est présente.

Un croisement du MACD qui précède celui du stochastique est une IEP lors d'une analyse de type économique.

Remarque sur les divergences :

Les divergences sont les seules IEP/IEN connues des analystes techniques classiques. Depuis quelques années, nous limitons la notion d'IEP/IEN aux divergences observées sur les graphiques annuels, trimestriels et mensuels. Sur les unités de temps inférieures, une divergence ne produit un changement de tendance qu'une fois sur deux environ. Il n'est donc plus possible de parler d'IEP/IEN.

Si une divergence est une IEN (trimestrielle et mensuelle) sur une unité de contrôle, un opérateur, en position sur l'unité de temps supérieure, est incité à couper sa position.

2.1.5. Stochastique et bande de Bollinger

Lorsque la volatilité est minimale ou de référence, si les cours traversent une bande de Bollinger et si sur le stochastique il n'y a pas de croisement entre %K et %D, il y a présence d'une IEP.

61. C'est cela l'analyse technique management.

Graphique 7.6. – Stochastique et bande de Bollinger

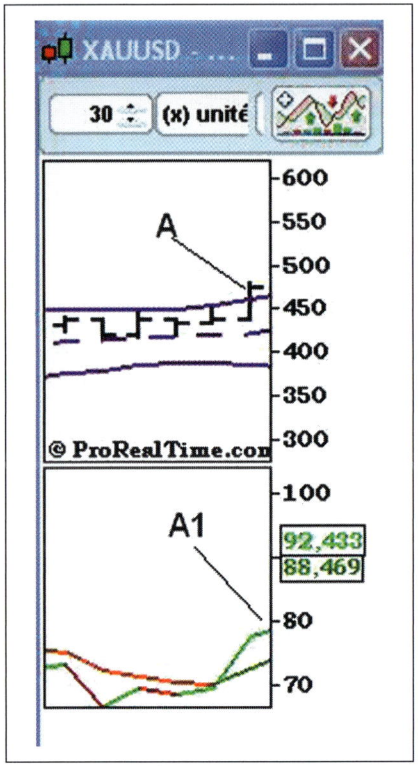

En (A) le cours clôture au-dessus de la bande supérieure de Bollinger. Au même moment, le stochastique en (A1) n'est pas suracheté alors que, dans les périodes précédentes, le marché était sans tendance.

Remarques :

Si le stochastique ne se retourne pas dans la période où les cours touchent une bande de Bollinger, une inflexion de %K, en sens opposé, est observée. En (A1) ce n'est pas le cas. Une anticipation de la poursuite de parallélisme entre %K et %D doit être privilégiée pendant les trois prochaines périodes.

Répétons que pratiquer l'analyse technique, c'est anticiper le comportement des indicateurs. Une analyse doit porter sur ce qui va se passer en fonction du comportement des indicateurs.

2.2. *IEP sur les moyennes mobiles*

Un non-croisement de la moyenne courte avec la moyenne longue forme une IEP.

Cet état, contrairement aux croisements, permet d'anticiper un mouvement violent dans plus de 80 % des cas. Les croisements (type A et B) se produisent après le début d'un mouvement. Il n'en est pas de même avec un non-croisement. L'opérateur a le temps de se positionner avant que les cours commencent à décaler.

En (A) non-croisement entre les deux moyennes mobiles à 7 et 23 périodes.

Remarques :

Le non-croisement est toujours en cours puisque la moyenne courte est restée verte après (A). La moyenne courte devrait continuer de progresser car (B + 1), (B + 2), (B + 3), (B + 4) devraient rester à un niveau moins élevé que les prochains cours de clôture (Pour s'en assurer, il convient que le stochastique et le MACD soient orientés à la hausse). Il se peut que le stochastique ne soit plus lisible étant donné la progression des cours observée depuis la période qui précède (C).

La moyenne mobile longue va continuer de progresser car les cours (C + 1), (C + 2), (C + 3), (C + 4) sont inférieurs et éloignés des prochains cours de clôtures.

Graphique 7.7. – IEP sur les moyennes mobiles

2.3. *IEN sur les moyennes mobiles*

Il existe différentes IEN sur les moyennes mobiles. Si elles passent inaperçues, elles provoquent des pertes significatives :

– un croisement de type B est une IEN ;

– lors d'une prise de position, si une ou les deux moyennes mobiles de l'unité de temps supérieure sont en sens inverse à la tendance anticipée, l'opérateur est en présence d'une IEN.

Si les IEP/IEN de l'ATM sont importantes, l'analyste et l'opérateur doivent compter avec d'autres IEP/IEN.

3. IEP sur les indicateurs de supports et résistances

Définition des IEP et IEN sur les indicateurs de supports/résistances. C'est en présence d'IEP sur le parabolique que les mouvements les plus spectaculaires sont anticipés. Depuis quelques années, ils apparaissent de plus en plus fréquemment. Ces informations, propres à l'ATDMF, devraient vous permettre de réaliser d'excellents résultats.

3.1. Parabolique

Les IEP provoquées par le parabolique sont toujours suivies d'un mouvement significatif. Dans certains cas, la présence d'une IEP permet à un opérateur débutant de prendre position.

Il en existe de plusieurs types. Décrites depuis nos premières publications sur l'ATDMF[62], elles jouent un rôle essentiel dans les analyses. Les IEP décrites concernent un marché avec une tendance forte.

3.1.1. Premier type d'IEP (IEP type I)

Il se rencontre à la suite du croisement du parabolique avec la moyenne mobile de Bollinger. Si durant deux périodes après le croisement aucun mouvement inverse n'est constaté, par la suite, une accélération du mouvement sur les cours est attendue.

Les deux moyennes mobiles sur l'unité de temps supérieure doivent être dans le sens du mouvement. Dans le cas contraire, l'IEP est annulée.

Remarque :

Une absence de correction durant les deux périodes qui suivent le croisement renforce le potentiel de puissance du mouvement.

62. John Bollinger a écrit que c'est un apport essentiel à l'analyse technique (P. Cahen, *Analyse technique dynamique*, Economica, 1999).

Graphique 7.8. – Poursuite de la tendance après le croisement parabolique/moyenne mobile de Bollinger

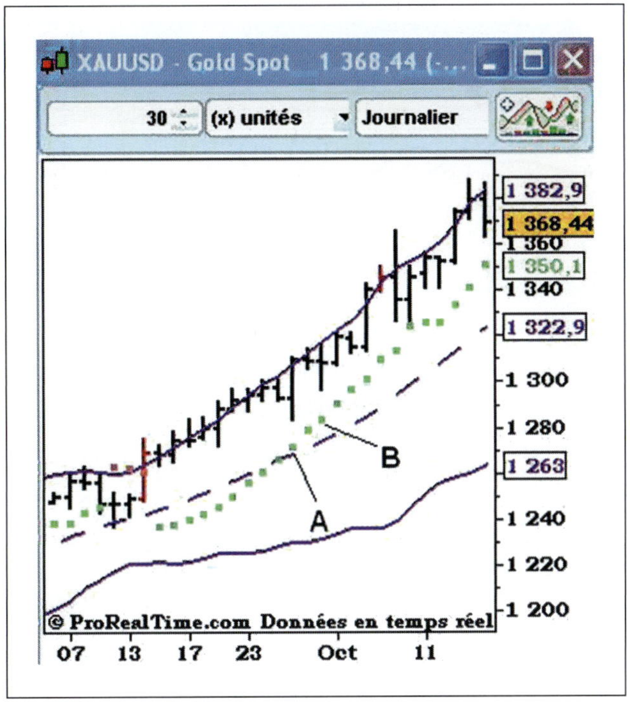

Au point (A) la valeur du parabolique est supérieure à celle de la moyenne mobile. Le point bas sur les cours durant cette période sert de référence. Deux périodes après, durant (B), le point bas des cours de la période (A) n'a pas été franchi à la baisse. Il y a une IEP indiquant que le mouvement de hausse sur les cours va se poursuivre et pourrait s'amplifier. Les implications seront décrites ultérieurement.

3.1.2. Deuxième type d'IEP (IEP type II)

Il concerne également le croisement parabolique/moyenne mobile de Bollinger.

Lors du croisement, la bande opposée de Bollinger (celle éloignée des bar-charts) continue sa dynamique.

Remarques :

Si cette IEP se produit durant une des trois périodes qui suivent une clôture à l'extérieur d'une bande de Bollinger, le mouvement sera particulièrement violent dans 90 % des cas.

Les moyennes mobiles à 7 et 23 périodes sur l'unité de temps supérieure doivent être dans le sens du mouvement.

Pour un opérateur débutant, l'IEP sera confirmée si la dynamique de la bande opposée se poursuit durant les deux prochaines périodes. Pour un opérateur confirmé, la poursuite du mouvement durant une période au lieu de deux est suffisante.

Graphique 7.9. – Dynamique de la bande opposée lors du croisement parabolique/moyenne mobile de Bollinger

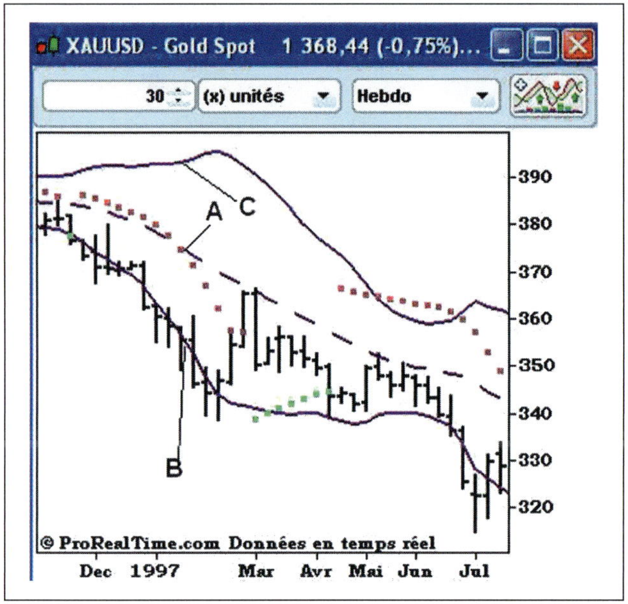

En (A) le parabolique PW a croisé à la baisse MW. Durant cette période, LW (B) reste orientée à la baisse mais l'IEP est due au fait que UW (C) reste orientée à la hausse.

Remarque :

Plus la dynamique de la bande opposée se poursuit sur un nombre important de périodes, plus le mouvement sera puissant. En présence de cette IEP, il ne peut y avoir que des satisfactions par la suite.

3.1.3. Troisième type d'IEP (IEP type III)

Il concerne le non-croisement des cours et du parabolique à la suite du croisement parabolique/moyenne mobile de Bollinger.

Graphique 7.10. – Non-croisement des cours et du parabolique

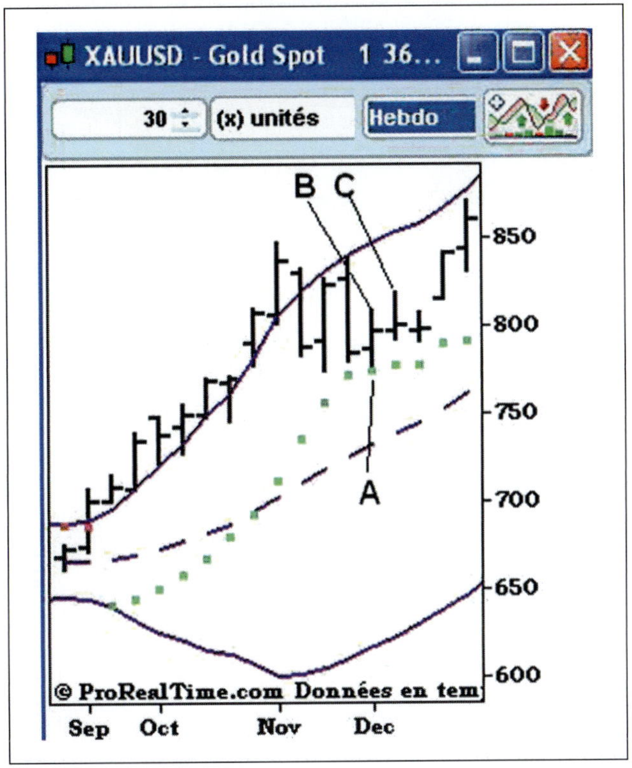

En (A) les cours s'approchent du parabolique sans le traverser (sinon le point suivant serait rouge). Dans la période suivante (C), dès que le sommet de la période précédente est dépassé (B), une IEP est observée.

De ces trois IEP, la deuxième est la plus puissante. Les trois IEP servent à calculer des objectifs en temps et en amplitude. Pour les opérateurs experts, elles peuvent être utilisées pour entrer dans le marché[63].

3.2. Bandes de Bollinger

De nombreuses IEP et IEN sont en relation avec les bandes, la moyenne mobile de Bollinger, les cours et les bandes, le parabolique et la moyenne mobile de Bollinger.

Remarque :

Dans un marché avec une tendance forte, c'est la présence de certaines IEP qui permet de prendre position.

63. Opération délicate, utilisable en présence d'autres IEP. Nécessite un entraînement sur un compte de démonstration avant de l'utiliser en réel.

CHAPITRE 8

IEP et IEN

La présence d'un certain nombre d'IEP lors de la période où une clôture à l'extérieur d'une bande de Bollinger est observée va permettre de poursuivre l'analyse afin d'aboutir dans une prochaine étape à une prise de position, généralement lors de la période suivante. Il y a des IEN qui sont dues à l'absence d'IEP, d'autres qui sont liées à une information inverse à celle attendue.

Nous avons défini une IEP sur la volatilité lorsque les cours clôturent à l'extérieur d'une bande de Bollinger, sous certaines conditions. Rappelons que la situation est risquée puisque statistiquement 86 % des cours de clôture sont à l'intérieur des bandes. La prise de position a pour objet d'anticiper que les cours vont continuer de s'écarter de la bande dépassée. Pour que notre IEP puisse provoquer une prise de position, d'autres IEP doivent être observées.

Dans ce cas, la situation est la suivante : volatilité de référence/minimale et clôture à l'extérieur d'une bande de Bollinger[64]. Durant les périodes suivantes, des IEP et des IEN peuvent apparaître au niveau de la volatilité et des indicateurs techniques.

En ATDMF, T0 est la dernière période à l'intérieur des bandes de Bollinger alors que la volatilité est minimale ou de référence et que le stochastique ne sera pas suracheté/survendu durant les trois prochaines périodes. La période suivant T0 se nomme T1 si aucune IEN n'est détectée. T2 sera la période suivante en l'absence d'IEN. Idem pour les périodes suivantes.

Remarques :

T0, T1, T2, T3, etc. sont obligatoirement des périodes successives, exception faite lorsque l'extrême du bar-chart qui suit T1 est égalé.

La recherche des IEP et IEN se fait par l'analyse de la volatilité et par celle des indicateurs techniques.

En absence de précision, toutes les descriptions présentées sont considérées comme se produisant sur l'unité de temps majeure.

1. IEP et IEN avant T2

Les IEP et IEN doivent être recherchées sur l'unité de temps majeure et sur l'unité de temps principale. Sont concernés : la volatilité, les indicateurs de l'ATM et le parabolique.

64. Rappelons que la présence d'une seule IEN dans une analyse de type recherche d'opportunité, interdit de continuer l'analyse (et donc de prendre position).

1.1. Recherche d'IEP et d'IEN sur la volatilité en T1

1.1.1. Unité de temps majeure

Dans la période qui suit T0, en intra période, au niveau du bar-chart : l'écart entre le cours d'ouverture et le cours de clôture doit être supérieur à la somme des écarts des cours d'ouverture et de clôture avec les extrêmes. Si ce n'est pas le cas, nous sommes en présence d'une IEN.

Remarques :

Si la bande opposée commence une dynamique vers l'extérieur alors que les cours sont encore à l'intérieur des bandes de Bollinger, ceci indique un mouvement significatif (mais pas une IEP).

Une fois les cours à l'extérieur d'une bande, l'absence de dynamique de la bande opposée est une IEN.

Graphique 8.1. – En T1, IEN sur la volatilité intra période

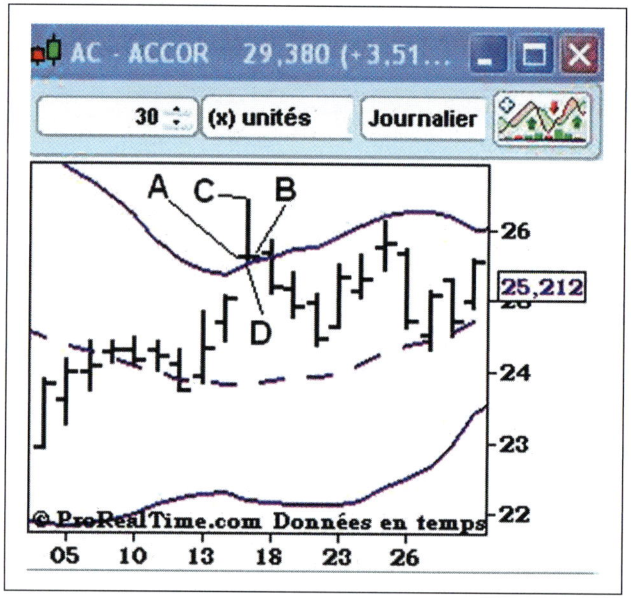

Le cours d'ouverture (A) est au même niveau que le cours de clôture (B). (A) – (B) est inférieur à (C) – (A) + (B) – (D). Il y a présence d'une IEN et une analyse d'opportunité est arrêtée.

À la fin de T1, chaque bande de Bollinger doit amorcer sa propre dynamique vers l'extérieur. Dans un autre cas nous sommes en présence d'une IEN.

Graphique 8.2. – En T1, dynamique de chaque bande de Bollinger

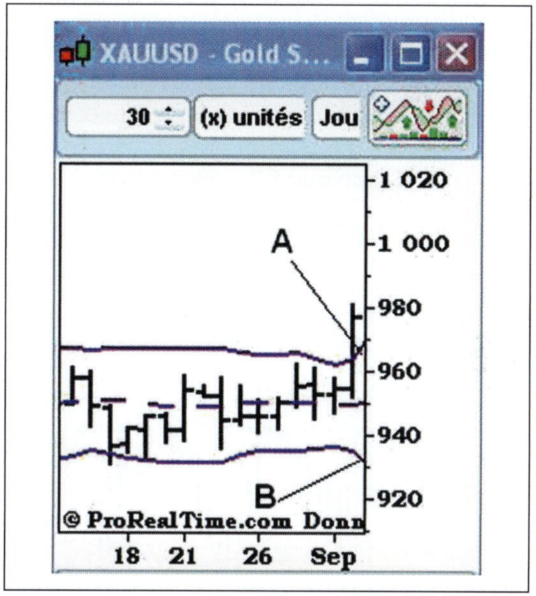

La clôture des cours à l'extérieur de la bande supérieure de Bollinger s'accompagne d'une divergence de la bande (A). La bande inférieure montre qu'une dynamique vers l'extérieur s'est mise en place (B).

Remarque :

La dynamique en (A) est observée dans plus de 90 % des cas (IEN dans le cas contraire). C'est surtout la dynamique de la bande opposée (B) qui nous importe. Le mouvement sur les cours (à la hausse ou à la baisse) va se poursuivre tant que le niveau maximal de la volatilité ne sera pas atteint. Si la volatilité augmente trop fortement au cours de T1, le potentiel de fluctuation des cours va s'épuiser rapidement. Une symétrie de la dynamique des deux bandes est le gage d'un mouvement violent mais ne peut pas être considérée comme une IEP[65].

1.1.2. Volatilité en T1 sur l'unité de temps principale

Ce type d'analyse est prématuré.

1.2. Analyse en T1 des indicateurs de type ATM

Elle concerne les indicateurs qui se trouvent sur l'unité de temps majeure et sur l'unité de temps principale. Les IEP et IEN présentées dans ce paragraphe sont celles liées au comportement des indicateurs.

Remarque :

Certaines IEP et IEN sont fonction du statut de l'opérateur. L'analyse de ce paramètre est faite dans la partie consacrée à la gestion. Donc, selon le statut de l'opérateur, un non-croisement peut être ou ne pas être une IEP/IEN.

1.2.1. Moyennes mobiles

Il convient de se référer au dernier croisement/non-croisement observé quelle que soit son ancienneté.

Un croisement de type B est une IEN pour tous les opérateurs.

65. En trading, la situation est différente.

1.2.1.1. Unité de temps principale

Remarques :

Statistiquement, le croisement de type B est l'IEN la plus répandue (plus de 60 % de l'ensemble des cas). C'est la raison pour laquelle nous la traitons en premier.

Les deux moyennes à 7 et 23 périodes doivent être dans le sens de la prise de position. Dans le cas contraire, une IEN est présente (l'une ou les deux moyennes mobiles orientées en sens inverse du sens du T1).

Graphique 8.3. – Sens opposé à T1

Sur l'unité de temps majeure en (A), les cours sont en position potentielle de T1 à la hausse. Sur l'unité de temps principale, les moyennes mobiles à 7 et 23 périodes (B) et (C) sont orientées à la baisse. Il s'agit d'une IEN. L'analyse est arrêtée (recherche d'opportunité).

1.2.1.2. Unité de temps majeure

Un croisement de type B est une IEN.

En (A), deux périodes après le croisement, les moyennes mobiles sont en sens opposé (l'une est verte et l'autre est rouge). Il s'agit d'un croisement de type B[66] donc une IEN.

Graphique 8.4. – Croisement type B

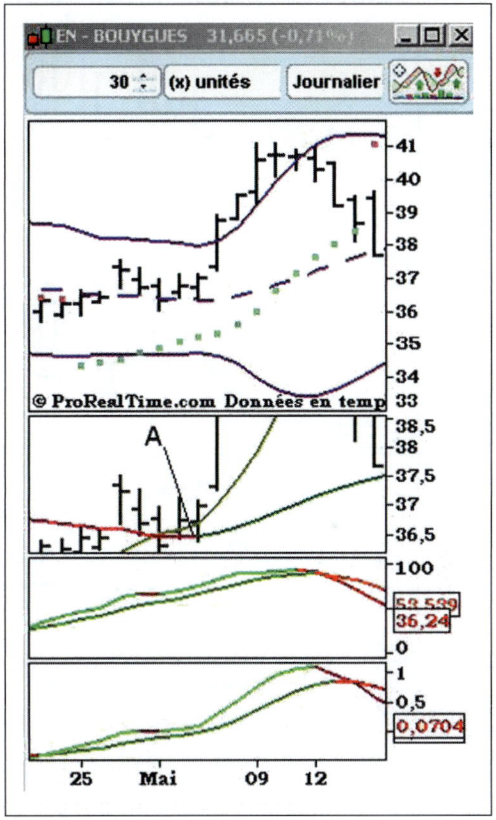

1.2.2. Couple stochastique/MACD unité de temps principale/majeure

La situation pour chacun des indicateurs peut être un croisement ou un non-croisement. Selon le statut des opérateurs, un croisement ou un non-croisement peut être soit une IEP soit une IEN[67].

Remarques :

L'orientation d'un indicateur en sens inverse du sens de la prise de position provoque une IEN.

En absence d'IEP sur les moyennes mobiles, stochastique et MACD, c'est la tendance sur les moyennes mobiles qui prime sur celle du stochastique et du MACD (qui, dans 80 % des cas, évoluent dans le même sens).

66. Le changement de pente doit se faire au plus tard 1 période après le croisement pour être de type A.

67. Les détails seront fournis dans la partie dévolue à la gestion.

Graphique 8.5. – Sens stochastique/MACD inversé par rapport à la tendance

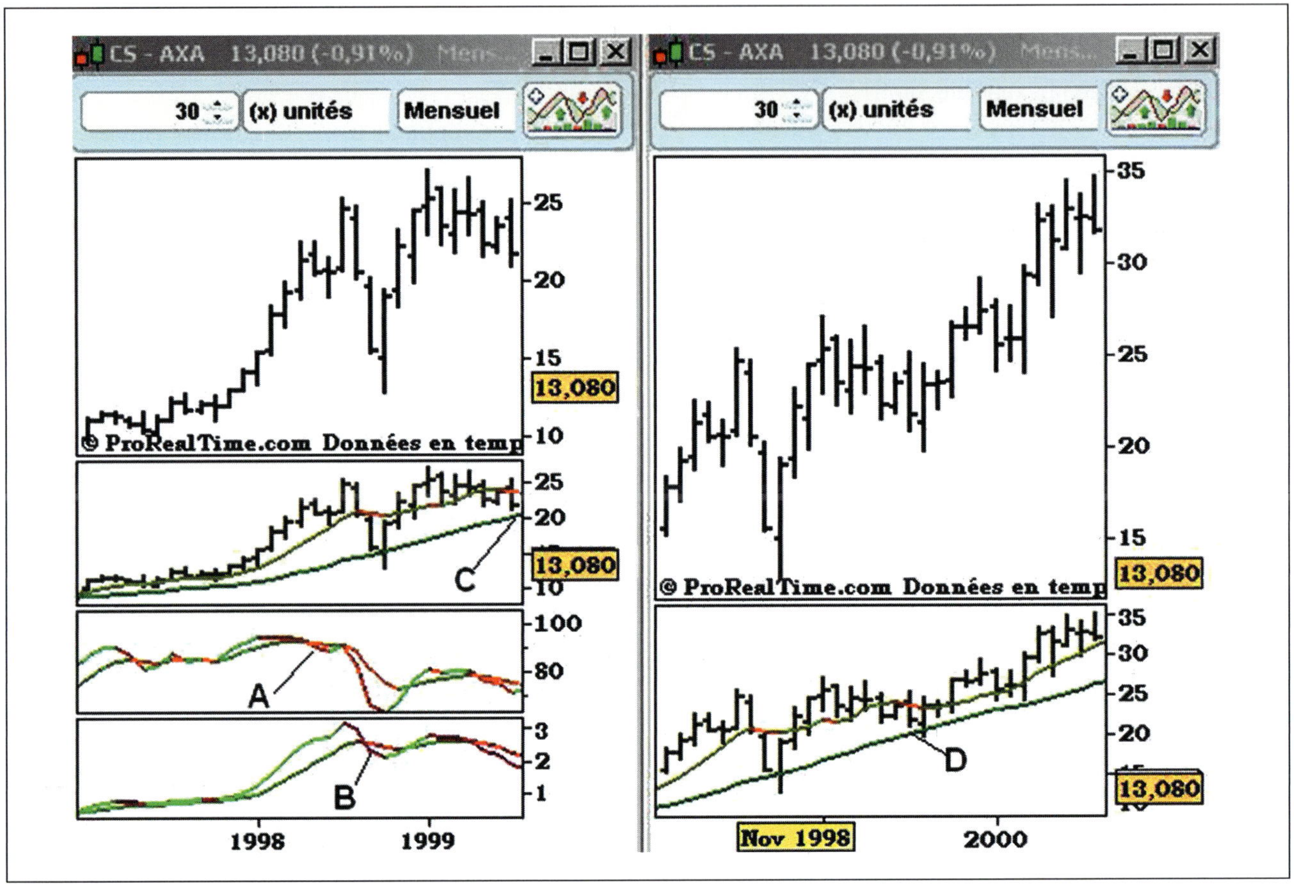

En (A) le stochastique devient suracheté et peu de temps après en (B) c'est le MACD qui prend le même état alors que les moyennes mobiles ne sont pas sur le point de se croiser. Le mouvement de hausse sur les cours se poursuit (C) et (D) à plus long terme.

1.3. Parabolique

1.3.1. IEN

À la clôture du T1, le parabolique ne doit pas servir de résistance dans un marché haussier ou de support dans un marché baissier. Dans le cas contraire, l'opérateur est en présence d'une IEN.

1.3.2. IEP

Si le parabolique est dépassé durant T0 et qu'il se place au niveau de la bande opposée durant T1, une IEP est présente dans le cas d'une analyse de type économique.

2. Nouvelles IEP et IEN avant la prise de position en T2

Le calcul des objectifs en temps et en amplitude peut générer des IEP et des IEN. La présence de nouvelles IEP va permettre de prendre position.

Valider un T2 c'est prendre position. Il faudra que les configurations observées en T1 ne soient pas remises en cause.

2.1. Analyse de la volatilité

2.1.1. Unité majeure

Sur l'unité de temps majeure, la dynamique de la bande opposée ne doit pas être remise en cause (si cette condition n'est pas respectée jusqu'à la fin de T4, cela sera une IEN).

2.1.2. Analyse de la volatilité sur l'unité de temps principale

Elle permet de fixer des objectifs en temps et en amplitude. Si l'on souhaite observer un mouvement puissant sur l'unité de temps majeure, il est nécessaire que l'analyse de l'unité de temps principale montre s'il y a suffisamment de place.

Sur l'unité de temps principale, trois cas sont à envisager en fonction de la position du cours de clôture lors du T1 sur l'unité de temps majeure :

– Cours à l'intérieur des bandes de Bollinger sans possibilité de T1, à cause d'une volatilité trop importante :

Dans 86 % des cas, l'objectif maximal est une bande de Bollinger. Si le potentiel de fluctuations des cours est faible (distance entre le cours actuel et U ou M ou L), cela constitue une IEN.

Graphique 8.6. – Cours à l'intérieur des bandes de Bollinger sans possibilité de T1 (unité principale)

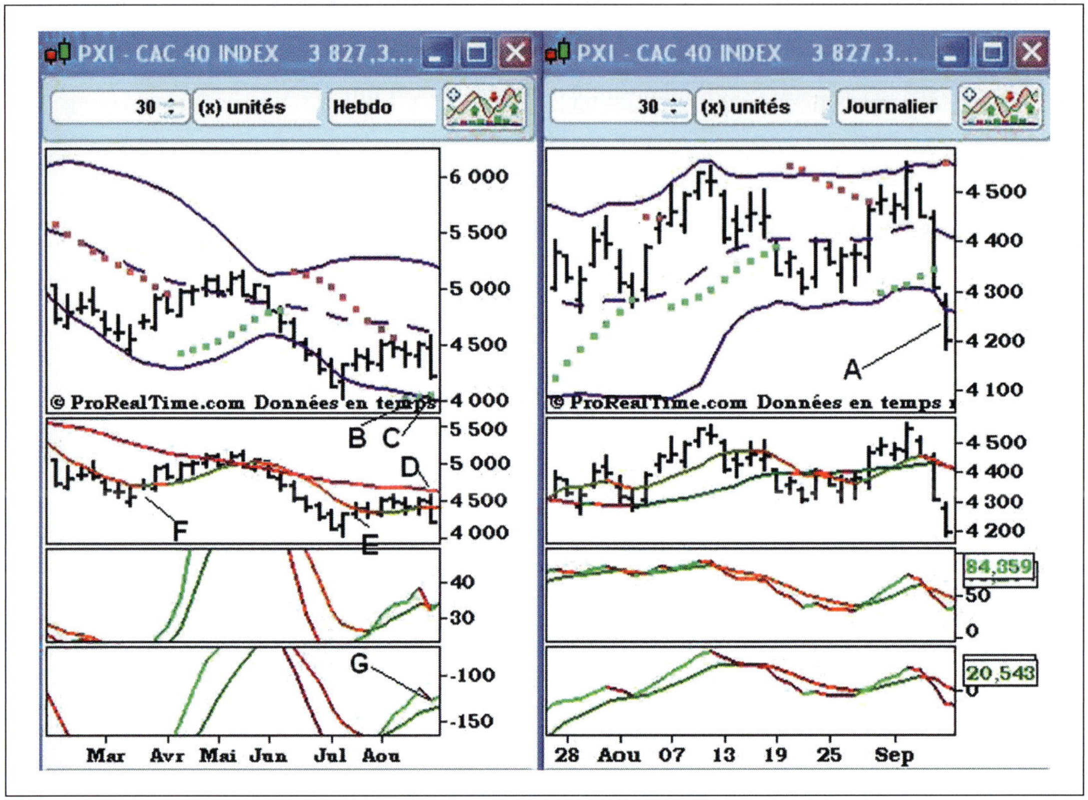

Un T1 (A) se produit sur l'unité de temps majeure. Pour mesurer la durée du mouvement et son amplitude, nous cherchons ces informations sur l'unité de temps principale (hebdo). Les cours sont proches de LW (B) et PW (C) et forment un double support. Pour savoir si ce niveau peut être traversé à la baisse, il faut s'aider des indicateurs techniques. Les moyennes mobiles sont orientées à la baisse (D) et les cours – 8 (E) et – 24 (F) sont plus élevés. Aucun croisement à la hausse n'est envisageable dans les trois prochaines périodes. Sur le MACD, un non-croisement haussier (IEN) est en cours (G) mais pas sur le stochastique. Le facteur haussier est plus significatif que le faible non-croisement en cours sur les moyennes mobiles (vert suivi de rouge). La probabilité que LW serve de support doit être privilégiée. La proximité de LW par rapport aux cours actuels signifie qu'une IEN est présente. Le T2 baissier qui aurait pu suivre le T1 en (A) est invalidé.

– Tendance faible sur l'unité de temps principale :

Sur l'unité de temps principale, les cours sont à l'intérieur des bandes de Bollinger mais éloignés de celles-ci. Les bandes de Bollinger ne sont pas plates. L'écart des cours avec une bande permet de réaliser une opération sur l'unité de temps majeure. Ce cas ne présente pas d'IEN mais il est réservé aux opérateurs confirmés qui souhaitent s'orienter vers le statut d'expert.

Graphique 8.7. – Tendance faible

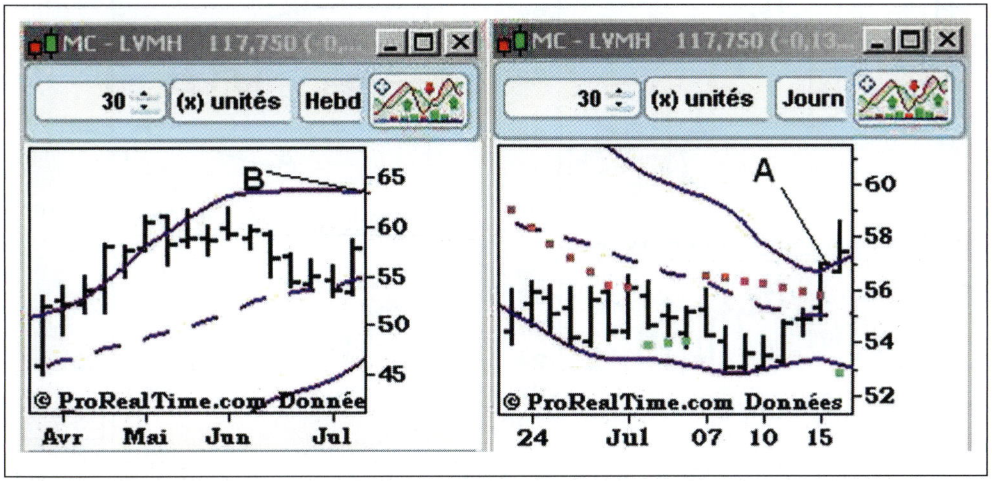

En (A) sur l'unité de temps majeure, un T1 est observé à 57. Sur l'unité de temps principale, l'objectif est UW en (B).

Remarque :

Avec la hausse des cours, il est probable que UW ne reste pas plate et reprenne sa progression (à vérifier avec l'état du MACD). L'objectif ne sera donc pas 64 (la valeur actuelle de UW) mais le niveau de UW lorsque les cours l'atteindront.

– Tendance forte sur l'unité de temps principale :

Sur l'unité principale, les cours sont à cheval ou à l'extérieur d'une bande de Bollinger. L'objectif est à trouver sur une unité supérieure (IEP). Il est probable qu'un T1 et un T2 se soient déjà produits. Nous expliquons pages 155 et 156 comment calculer les objectifs et le temps nécessaire pour l'atteindre en fonction du type de figure en cours.

Graphique 8.8. – Cours à l'extérieur d'une bande de Bollinger

T1 baissier en (A) sur l'unité de temps majeure. Au même moment sur l'unité de temps principale, la clôture en (B) s'est faite au-dessous de LW. C'est une IEP. L'objectif est à chercher sur l'unité de temps supérieure (graphique mensuel).

Remarque :

Si les cours sur le graphique mensuel sont à l'extérieur de LM, l'objectif est à chercher sur LQ ou LY. Plus l'unité de temps utilisée pour trouver l'objectif sera éloignée, plus puissante sera l'IEP.

2.2. Analyse des indicateurs supports/résistances

Pas de remise en cause des observations faites en T1.

2.3. Moyennes mobiles sur l'unité de contrôle

Il convient d'anticiper l'absence de croisement, en sens inverse, des moyennes mobiles à 7 et 23 périodes. Ce contrôle sera également effectué durant les deux prochaines périodes de l'unité de temps majeure (T3 et T4). Dans le cas contraire ou en absence de certitude, une IEN est présente.

Chapitre 9

Absence d'IEN et T2 validé = prendre position

Si aucune IEN n'est présente : dans un marché haussier, dès que le plus haut de la période T1 est dépassé en cours de période, un achat est effectué. Dans un marché baissier, dès que le plus bas de la période T1 est franchi en cours de période, une vente est effectuée. Puisque l'opérateur est en situation de risque, une protection : le stop-loss sera mise en place pour empêcher ou limiter une perte.

1. Se préparer à passer un ordre

Dernière série de contrôles avant de prendre position (analyse d'opportunité).

1.1. Absence de poursuite du mouvement en T2

Dans un marché haussier, si le sommet de T1 n'est pas égalé ou dépassé ou si dans un marché baissier le point bas de T1 n'est pas égalé ou n'est pas inférieur au plus bas observé en fin de période suivante, une IEN est observée.

1.2. T1 égalé

Si l'extrême de T1 est égalé pendant une ou plusieurs périodes successives, la ou les périodes sont neutralisées. Il conviendra de vérifier si les autres critères n'ont pas été remis en cause si un T2 est envisagé.

Un T1 est observé en (A). En (B) le point bas est égal à celui de T1. Il n'est donc pas possible de rentrer en position. Cette période (B) est neutralisée. Il faut attendre la période suivante (C) pour prendre position dès que le point bas de (A) est cassé à la baisse.

Remarque :

Il conviendra de vérifier avant de prendre position si le niveau de la volatilité est resté de type référence lorsque l'extrême (B) est franchi.

Graphique 9.1. – T1 égalé

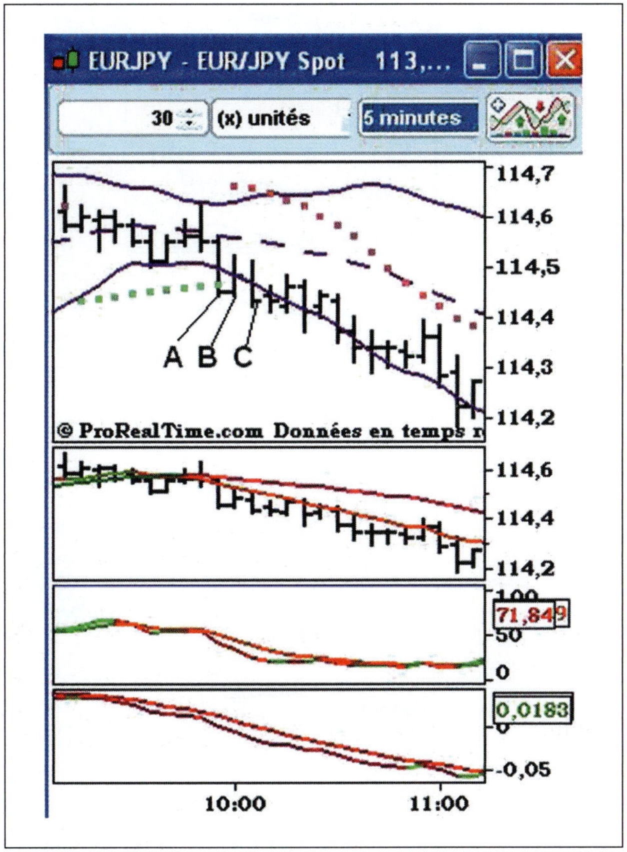

1.3. *Extrême de T1 franchi, Validation du T2*

Au cours de la période qui suit T1, dès que l'extrême de T1 (à la hausse dans un marché haussier et à la baisse dans un marché baissier) est dépassé, l'opérateur entre dans le marché.

1.3.1. T2 à la hausse

Graphique 9.2. – T2 = prise de position à la hausse

Les IEP qui permettent de valider T1 sont présentes et l'absence d'IEN également.

Sur l'unité de temps principale (graphique hebdomadaire), une hausse puissante est en cours. Comme PW se trouve au-dessous de MW, il n'y aura pas de remise en cause de cette figure avant de nombreuses périodes. L'objectif en terme de niveau est à chercher sur le graphique mensuel puisque les cours sont à l'extérieur de UW. Une position à la hausse durant la prochaine période journalière sera prise lorsque le plus haut de T1 sera dépassé. Une fois l'ordre exécuté, il faudra poser et gérer le stop-loss pour se protéger en cas de retournement à la baisse du marché.

1.3.2. T2 à la baisse

Graphique 9.3. – T2 à la baisse

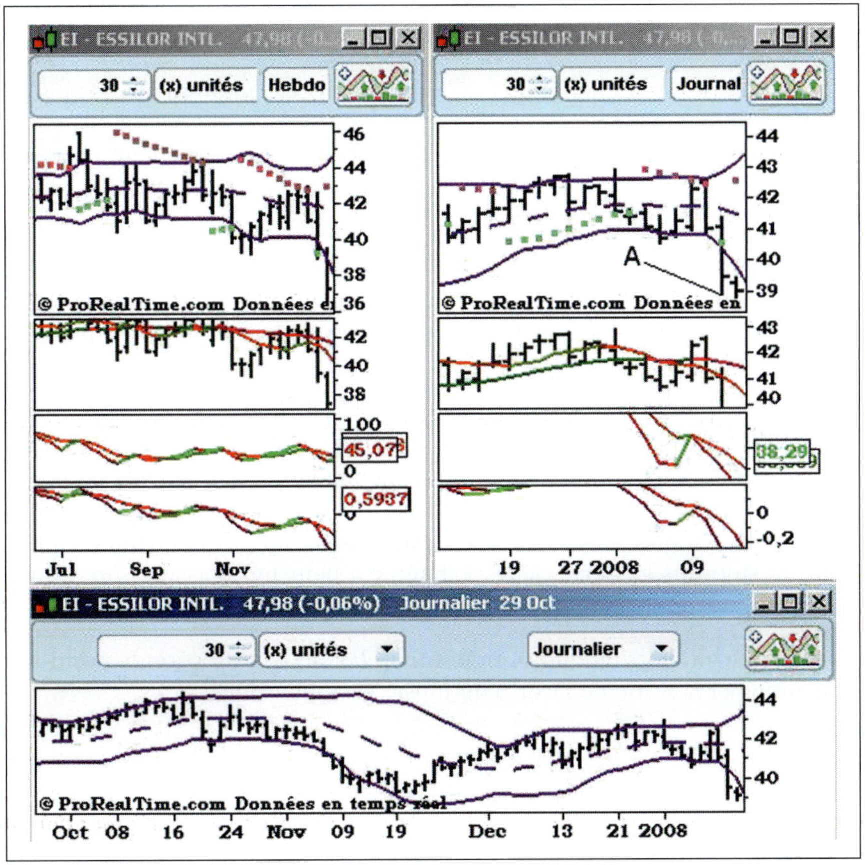

Les IEP qui permettent de valider T1 sont présentes et il n'y a pas d'IEN.

Sur l'unité de temps principale (graphique hebdomadaire), un mouvement de baisse puissant est en cours. Comme PW se trouve au-dessus de MW, il n'y aura pas de remise en cause de cette figure avant de nombreuses périodes. L'objectif en termes de niveau est à chercher sur le graphique mensuel puisque les cours sont à l'extérieur de LW. Une position à la baisse durant la période en cours sur le graphique journalier a été prise lorsque le plus bas de T1 a été enfoncé (A). Le stop-loss a été placé.

2. Le stop-loss

Le stop-loss permet d'éviter à l'opérateur de se faire massacrer si un retournement du marché est observé. S'il est impossible d'éviter une opération perdante, il est inadmissible de ne pas avoir un stop-loss et de ne pas le respecter en restant en position.

2.1. Durant T2, T3 et T4 de l'unité de temps majeure

La prise de position s'est faite en présence du franchissement d'une bande de Bollinger. Il se peut que, durant les trois prochaines périodes, les cours cherchent à réintégrer l'intérieur de la bande. Si ce mouvement inverse à celui escompté se réalise, l'opération va se traduire par une perte. Il est donc nécessaire d'utiliser un stop-loss afin de couper la position le plus rapidement possible[68].

L'activation du stop-loss est déclenchée si, sur l'unité de contrôle, les moyennes à 7 et 23 périodes se croisent en sens opposé à la tendance prise. C'est une IEN qui implique de sortir de position. Si à l'aide des cours – 8 et – 24 il est possible d'anticiper ce croisement, la sortie de la position peut se faire avec un léger gain. Si l'anticipation n'est pas possible et si l'opérateur attend d'observer ce croisement pour sortir de position, une perte sera enregistrée.

Remarques :

Sur l'unité de contrôle, si un non-croisement dans le sens du T1 est observé entre les moyennes mobiles, un renforcement de la tendance en cours va intervenir sur l'unité de temps majeure.

À partir de T5 (sur l'unité de temps majeure), ce stop-loss n'est plus adapté. Nous mettrons en place un autre type de stop-loss.

2.2. Stop-loss après T4

À partir de T5 sur l'unité de temps majeure, l'opérateur encore en position n'accepte plus de réaliser une opération perdante. Le stop-loss est modifié. Le prix de revient de la position peut servir de stop-loss. En cas de déclenchement du stop-loss, le résultat de l'opération sera neutre sur le plan financier. L'opérateur peut aussi opter pour un stop-loss glissant. Cette technique a pour but d'assurer un minimum de rentabilité pour l'opération en modifiant le stop-loss en fonction de l'évolution des cours.

Maintenant, l'opérateur est en position. Il convient de gérer la position (adaptation aux conditions de marché) et d'anticiper la sortie de façon à optimiser les plus-values.

---

68. L'approche utilisée est de type statistique. Un certain nombre de mouvements n'évoluent pas dans le sens souhaité. La multiplication des contrôles (détection des IEN) a pour objet de limiter les opérations potentiellement perdantes.

Troisième partie

GESTION

Pour optimiser les gains, un certain nombre de règles sont à respecter. Un opérateur débutant ne gère pas sa position comme un opérateur confirmé. Air liquide ne se travaille pas comme le Dollar – Yen. La technique utilisée pour la gestion peut évoluer en fonction d'IEP et d'IEN. Nous parlerons peu des opérations intraday qui impliquent des connaissances complémentaires et que nous vous déconseillons d'appliquer (sauf sur un compte de démonstration afin que vous vous rendiez à l'évidence).

Nous aborderons l'analyse d'opportunité en premier, car c'est l'analyse qui sera le plus souvent utilisée. Cependant, cette analyse ne peut se faire qu'une fois un marché sélectionné à l'aide de l'analyse de type économique.

Chapitre 10

Qui peut prendre position et pour quoi faire ?

En fonction de leur statut, les opérateurs pourront intervenir sur différents marchés.

Pour prendre les décisions, il faut avoir un tableau de bord qui permette d'avoir, simultanément, toutes les informations nécessaires : c'est le triptyque.

Différents types d'opérateurs interviennent sur les marchés.

Pour pouvoir travailler, l'analyste et l'opérateur ont besoin d'un tableau de bord résumant la situation. Ce tableau de bord s'appelle le triptyque. Pour être cohérent avec la démarche d'anticipation spécifique à l'ATDMF (recherche d'IEP/IEN, prise de position, gestion de la position), ce n'est pas uniquement la partie visible des graphiques qu'il convient d'analyser. Le plus gros travail (et le seul qui justifie de se proclamer analyste) consiste à prolonger l'ensemble des indicateurs pour les trois prochaines périodes afin d'anticiper la formation d'IEP et d'IEN.

1. Qui peut prendre position : le débutant, l'opérateur confirmé et l'expert

La différence entre débutant et confirmé est basée sur une différence de réactivité face à une situation.

1.1. Débutant

Un débutant souhaite prendre confiance en la méthode afin de pouvoir acquérir des automatismes. Il prend position si le risque est minimum (un taux de réussite de 100 % est exclu car l'ATDMF est basée sur une analyse de type statistique), sur des indices ou des titres et sur une durée supérieure à une semaine. Un débutant commence par réaliser des opérations de simulation pour vérifier que tous les concepts sont assimilés. Il reste débutant tant qu'il n'a pas réalisé ses 30 premières opérations réelles et qu'il n'est pas capable d'analyser complètement un triptyque en moins de trois minutes.

Remarque :

Le plaisir d'utiliser l'ATDMF est la motivation première pour un particulier.

1.2. Confirmé

Le passage du statut de débutant à confirmé se traduit par l'autorisation d'élargir la palette des produits travaillés : devises et or. Au vu d'un triptyque, une analyse complète : tendances, supports et résistances doit être faite en moins d'une minute.

Pour les catégories débutant et confirmé, il existe des sous-groupes qui permettent à chacun de trouver son équilibre psychologique.

1.3. *Expert*

Pour atteindre le statut d'expert, il est nécessaire de ne pas avoir à réfléchir pour anticiper les trois prochaines tendances d'un marché.

Le statut d'expert est réservé aux opérateurs qui souhaitent réaliser des opérations en intraday sur tous les marchés et qui souhaitent opérer avec des CFD. Celles et ceux qui souhaitent vivre des opérations de trading doivent avoir le statut d'expert.

Pour réaliser des opérations intraday, des compléments de méthodologie qui ne sont pas développés sont nécessaires. Durant nos formations d'experts, nous commençons par un décrassage des neurones : unité de temps majeure 10 secondes sur l'or ou sur l'€/$. Ceci signifie que le temps passé entre la prise et la sortie de position dure 2 à 3 minutes.

2. Nouveau triptyque

Il est composé de trois parties verticales identiques représentant trois unités de temps consécutives[69] et d'un bandeau.

2.1. *Composition d'une partie verticale*

Chaque partie verticale se décompose en quatre sous-parties de haut en bas :
– cours + bandes de Bollinger + moyenne mobile de Bollinger + parabolique
– moyennes mobiles à 7 et 23 périodes et bar-chart[70] correspondant
* stochastique ATDMF
* MACD ATDMF

2. 2. *Bandeau de volatilité*

Cours + bandes de Bollinger + moyenne mobile de Bollinger sur l'unité de temps en cours d'analyse.

Permet de déterminer l'état de la volatilité actuelle (écartement des bandes sur la partie droite) en la comparant à un historique de 150 à 200 périodes représentées sur le graphique.

---

69. Selon le type d'analyse effectué, l'unité de temps majeure se trouve au centre ou à droite.
70. Les bar-charts – 8 et – 24 doivent impérativement être d'une couleur différente. Cela sert à anticiper facilement durant les trois prochaines périodes le comportement des moyennes mobiles.

Graphique 10.1. – Triptyque ATDMF 2011

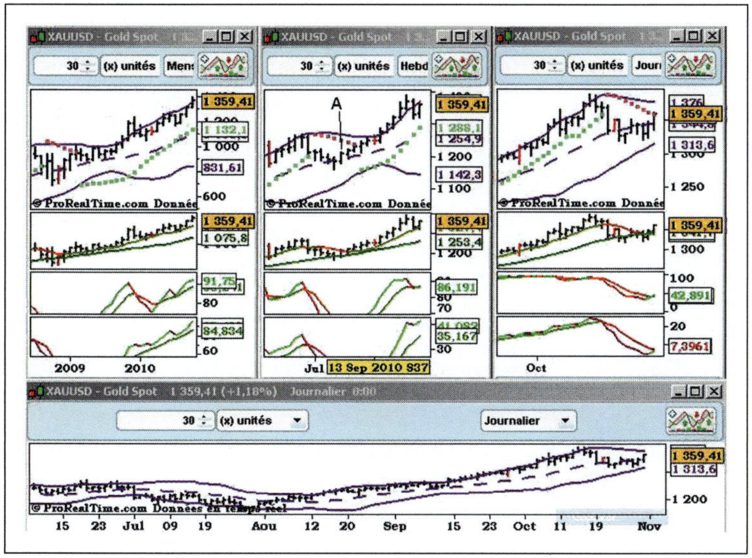

L'analyse présentée ici est de type analyse économique[71].

Le triptyque année, trimestre, mois a été analysé. L'analyse se poursuit avec le triptyque mois, semaine, jour. Le bandeau est placé sur jour.

Le graphique mensuel montre une IEP sur le parabolique de type I qui provoque une requalification en parallèles puisque deux périodes après le croisement PM/MM à la hausse, aucune correction sur les cours n'est intervenue. Une IEP est présente sur chaque indicateur de l'ATM et valide l'analyse de la volatilité. La sortie de position se fait en appliquant les règles de gestion des parallèles (*cf.* page 156).

Sur le graphique hebdomadaire, le croisement PW/MW se fait alors que la bande opposée de Bollinger diverge (IEP de type II sur le parabolique). La figure est requalifiée en parallèles. L'IEP observée entre les moyennes mobiles à 7 et 23 périodes ne devrait pas être remis en cause. Il devrait se poursuivre pendant 11 périodes jusqu'en (A) lorsque les cours retirés commenceront à monter. Les retournements sur les moyennes mobiles se font lorsque les cours retirés passent par un minimum ou un maximum local. Le non-croisement sur le MACD permet d'anticiper un renforcement de la hausse des cours. Il n'y a pas de remise en cause de l'analyse effectuée sur le graphique mensuel.

Sur le graphique quotidien, la volatilité diminue. Le bandeau montre que le niveau actuel est comparable à celui du 12 août et ne sera pas une IEN empêchant un T1 de se faire. L'analyse des indicateurs techniques montre qu'aucun non-croisement n'est envisageable. Il n'y aura donc pas de T1 si les cours franchissent UD à la hausse.

Remarque :

Le graphique quotidien peut également être une unité de temps éloignée pour une prise de position en intraday.

71. Cette analyse est réalisée en temps réel (publiée sur notre site le 29/10/2010).

Chapitre 11

Comment opérer, principes généraux

Les recherches d'opportunités occupent la majeure partie de la vie d'un opérateur. Pour être efficace il convient de ne pas oublier une IEP et une IEN potentielle. Les IEP ne sont pas les mêmes selon le statut des opérateurs. Les critères de chaque catégorie sont présentés. L'utilisation d'une check-list permet d'acquérir des automatismes.

Nous avons indiqué que trois types d'analyses sont à envisager. Nous commençons par les recherches d'opportunités puis nous traiterons les analyses de type économique. L'analyse pour les opérations intraday n'a pas sa place dans cet ouvrage.

Remarque :

Les sous-groupes pour chaque état de l'opérateur sont construits à partir de la puissance des indicateurs. Un non-croisement sur le MACD est plus puissant (risque plus faible pour l'opérateur) qu'un non-croisement sur le stochastique. Mais un non-croisement sur le stochastique est observé plus souvent que sur un MACD.

1. IEP et IEN selon le statut de l'opérateur

Tous les opérateurs n'ont pas la même motivation en opérant. Nous avons souvent remarqué qu'avec le même enseignement, les résultats sont différents d'une personne à l'autre. Ce qu'il faut retenir : se définir un profil (que l'on va chercher à acquérir en effectuant des opérations en paper trading) et respecter les IEP/IEN qui lui sont liées. Le fait de déroger à cette règle est en soit une IEN (sauf en paper trading afin de pouvoir tester vos limites). Répétons que ce classement est personnel (pourquoi ne pas rester avec le statut de débutant si les résultats obtenus vous conviennent ?).

1.1. Opérateur débutant

L'intérêt de commencer à ce niveau est de vous permettre de prendre confiance en vous et de voir comment le marché réagit en présence d'IEP et d'IEN. Par la suite, vous chercherez à anticiper ces IEP/IEN puisque vous saurez ce que cela implique.

Différents niveaux peuvent être testés en sélectionnant une IEP sur le MACD puis en la remplaçant par une IEP sur le stochastique.

1.1.1. Unité de temps principale

– Moyennes mobiles : IEP.

La majorité des pertes se rencontrent lorsque ce critère n'est pas respecté.

– Stochastique/MACD : au minimum, une IEP.

Une IEP sur le MACD est plus puissante qu'une IEP sur le stochastique.

1.1.2. *Unité de temps majeure*

– Idem aux critères de l'unité de temps principale.

1.2. *Opérateurs confirmés*

Les opérateurs confirmés peuvent opérer sur une palette plus large de marchés. Deux séries de critères sont retenues selon la catégorie de produits travaillés.

1.2.1. *Action/indice*

– Unité de temps principale :

Une seule IEP parmi les indicateurs de l'ATM.

Différents niveaux peuvent être testés en utilisant comme critères de risque grandissant : IEP sur moyennes mobiles, IEP sur MACD et IEP sur stochastique.

* Moyennes mobiles : IEP ou croisement de type A dans le sens du T1.

* Stochastique/MACD : une IEP si un croisement de type A sur les moyennes mobiles est en cours. Un croisement sur chacun des deux indicateurs si une IEP est observée sur les moyennes mobiles.

– Unité de temps majeure :

Idem aux critères de l'unité de temps principale.

1.2.2. *Devises, or, contrats de taux*

– Unité de temps principale :

* Moyennes mobiles : IEP ;

* Stochastique/MACD : au minimum, une IEP.

– Unité de temps majeure :

Idem aux critères de l'unité de temps principale.

Remarques :

Un opérateur débutant qui remarque sur l'or ou un couple de devises un ensemble d'IEP sur des unités de temps supérieures à l'unité de temps principale va pouvoir prendre position sans s'exposer à une diminution de son niveau de sécurité.

Une IEN sera présente si un critère dans le paragraphe 1. n'est pas respecté. Ceci permet d'arrêter rapidement les analyses. Souvenons-nous que l'objectif est de trouver un produit qui va décaler fortement (beaucoup plus que les autres), il est donc normal que la majorité des titres analysés présentent une IEN.

2. Recherche d'opportunités

L'analyse d'opportunité se pratique en présence d'un T1 potentiel.

2.1. Principe

La présence d'une IEN telle que décrite depuis le début du livre implique d'arrêter l'analyse. La présence de plusieurs IEP sur différentes unités de temps va contribuer à réaliser une opération gagnante.

Le module ATDMF propose d'extraire des bases de données, des titres susceptibles de faire un T1[72].

Remarques :

Le module est surtout utile pour traiter les bases de données composées d'actions. Un logiciel reste avant tout un outil d'aide à la décision. Vouloir multiplier les critères de sélection n'est pas la bonne solution.

Pour réaliser l'analyse des produits sélectionnés, l'utilisation d'une check-list permet d'optimiser le temps passé, d'acquérir les automatismes indispensables et de ne rien oublier.

Le triptyque utilisé sera composé de l'unité de temps supérieure à l'unité de temps principale à gauche, unité de temps principale au milieu, unité de temps majeure à droite.

2.2. Check-list de base

Les IEN sont variables selon le statut de l'opérateur.

2.2.1. Sens du T1 (unité majeure)

S'assurer que la période est terminée.

2.2.2. Sens des moyennes mobiles (unité principale)

Recherche d'absence d'IEN par rapport au sens du T1 de l'unité de temps majeure.

2.2.3. Analyse de la volatilité (unité majeure)

IEN si la volatilité n'est pas minimale ou de référence.

2.2.4. Analyse de la volatilité (unité principale)

Voir si les cours sont à l'extérieur d'une bande de Bollinger ou si une figure de type bulle ou parallèle est en place. Va permettre de définir des objectifs en temps et en amplitude.

2.2.5. Analyse des indicateurs de l'ATM (unité principale)

Recherche d'IEP/IEN en fonction du produit, du sens du T1 et du profil de l'opérateur.

---

72. Chacun est libre de modifier les critères pour avoir une liste plus performante.

2.2.6. *Analyse des indicateurs de l'ATM (unité majeure)*

Recherche d'IEP/IEN en fonction du produit, du sens du T1 et du profil de l'opérateur.

2.3. *Contrôles complémentaires*

Se pratiquent si aucune IEN n'est trouvée durant les contrôles précédents.

2.3.1. *Contrôle des petits points*

Nous avons indiqué que sur les devises, le marché le plus important (en terme de capitaux échangés), il n'y a pas de localisation et donc pas de possibilité de comptabiliser les échanges. Avec l'ATDMF, la validation (absence d'IEN) de ce facteur se fait par l'absence de petit point[73] sur l'unité de contrôle.

De quoi s'agit-il ? La présence d'un ou de plusieurs bar-charts, réduit à une seule cotation. Dans ce cas, le plus haut = plus bas = cours d'ouverture = cours de clôture.

Lors de l'extraction d'un titre, dans une base de données, un contrôle des capitaux traités sera utile.

2.3.2. *Analyse des moyennes mobiles (unité de contrôle)*

Vérifier l'absence d'IEN sur les moyennes mobiles.

73. Nécessaire pour l'analyse en vue d'une prise de position en trading.

Chapitre 12

Gestion de la position

Une fois que la position est prise, il convient de la gérer afin de maximiser le profit. La gestion va reposer sur le comportement des bandes de Bollinger. Les bandes de Bollinger vont former deux types de figures. Dans la majorité des cas, ces figures resteront inchangées jusqu'à la fin de l'opération. Une fois identifiée, une figure permet de savoir quand et à quel niveau le mouvement sur les cours se termine.

Parfois, il arrive que ces figures se modifient. Il convient d'être en permanence à l'affût de ces phénomènes afin d'anticiper cette modification possible. Une baisse de la volatilité va provoquer un mouvement de cours inverse à celui attendu (IEN). Une amplification de la hausse de la volatilité provoque une amplification du mouvement sur les cours (IEP). Dans ce cas, la durée et l'amplitude du mouvement seront supérieures à ceux anticipés à l'origine.

Dans le dernier cas mentionné, l'opérateur ne prendra pas ou ne renforcera pas toujours sa position. Ceci ne signifie pas que l'évolution future des cours le laisse indifférent.

Les configurations formées par les bandes de Bollinger dans un marché pour lequel un T2 est confirmé s'appellent la bulle et les parallèles. Plus rapidement le choix de la figure sera possible, plus l'opérateur sera en sécurité et pourra faire une anticipation éloignée.

1. Identification

Les bulles et les parallèles accompagnent toute la vie d'un utilisateur de l'ATDMF.

1.1. Bulle

La figure est une bulle si en T1, T2, T3 ou T4 un ou plusieurs bar-charts sont à l'extérieur d'une bande de Bollinger. Par la suite, la bande opposée à celle proche des cours va former une phase de plateau durant un minimum de deux périodes ; le maximum de périodes pouvant être supérieur à dix. À la fin de la phase de plateau, les deux bandes vont se rapprocher.

À la suite d'un T1 en (A), la baisse des cours se poursuit durant la période suivante (B). La période suivante (C) est complètement à l'extérieur de la bande inférieure de Bollinger. La figure est une bulle. La confirmation est obtenue par la phase de plateau (D) à (E). À la fin de la phase de plateau, les deux bandes se rapprochent (F).

Graphique 12.1. – Bulle

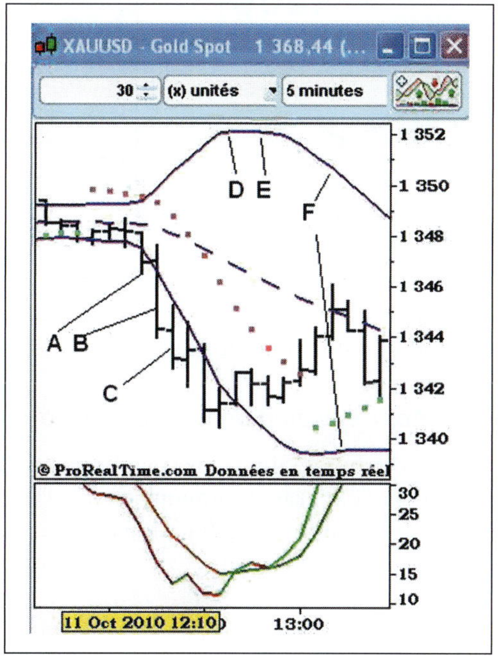

Graphique 12.2. – Parallèles

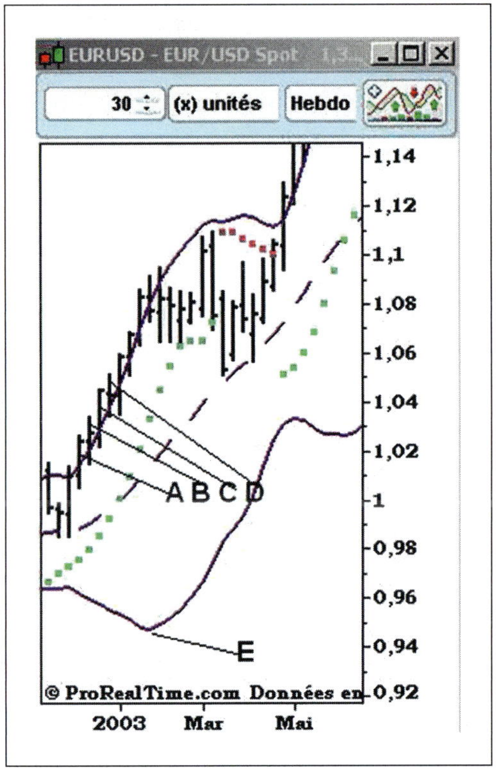

1.2. Parallèles

En T1, T2, T3 et T4 les bar-charts sont à cheval sur une bande de Bollinger. Par la suite, la bande opposée se retourne en faisant un angle obtus.

La spécificité des parallèles est la présence de cours à cheval sur la bande de Bollinger T1 (A), T2 (B), T3 (C) et T4 (D). Par la suite, la figure est confirmée lorsque la bande opposée (E) se retourne en faisant un angle.

Remarque :

Le mouvement de hausse est puissant car la dynamique de la bande opposée se poursuit jusqu'à la période T7.

2. Dynamique bulle/parallèles

Si des parallèles existent sur une unité de temps donnée, sur l'unité de temps supérieure la figure sera soit une bulle soit des parallèles.

Sur l'unité de temps supérieure à celle où se trouve une bulle, aucune figure spécifique n'est attendue.

Remarque :

La propagation des parallèles sur des unités de temps supérieures à l'unité de temps majeure est un gage important de sécurité. Plus la propagation se diffuse sur des unités de temps éloignées plus la sécurité augmente. Un minimum de deux configurations de type parallèles sur les unités de temps supérieures à l'unité de temps majeure assure, dans 90 % des cas, une opération gagnante.

3. Appréhension de la puissance du mouvement

Pour qu'une bulle ou des parallèles puissent être validées, il est nécessaire que la dynamique de la bande opposée se poursuive, au minimum, jusqu'à la fin de T4. Si la dynamique de la bande se poursuit entre T5 et T8, la probabilité de faire une opération gagnante est pratiquement assurée. *À partir de T9, le mouvement devrait revêtir une amplitude exceptionnelle. Il est rare d'observer une poursuite de la dynamique au-delà de T12*[74].

74. Les indices boursiers américains sur un graphique annuel à partir de 1982.

Graphique 12.3. – Dynamique de la bande opposée et amplitude du mouvement

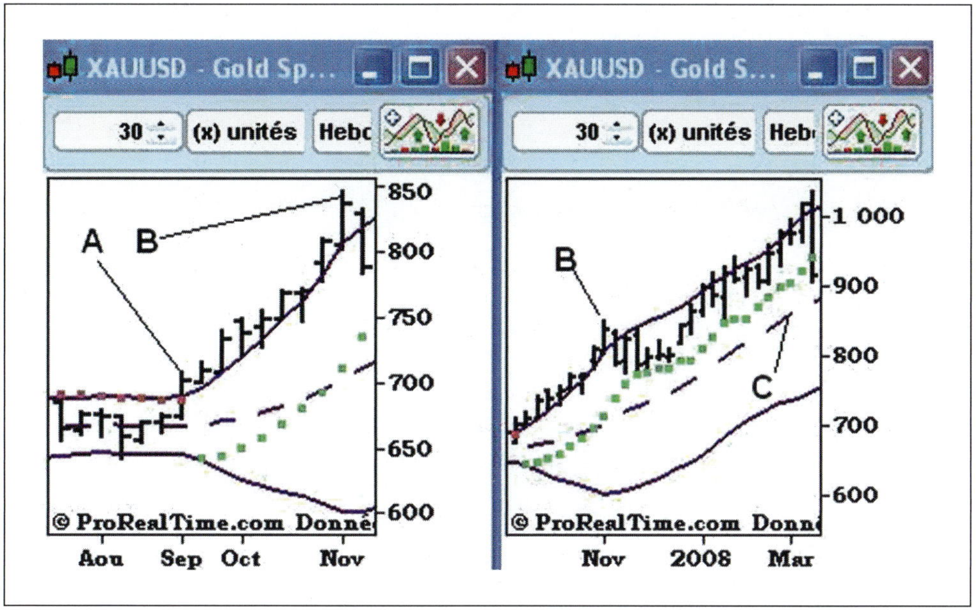

Le graphique de gauche est un zoom du graphique de droite. Sur le graphique de gauche, T1 est en (A). (B) est en T9. Le point B est représenté sur le graphique de droite. Sachant que tant que MW (C) n'est pas franchi à la baisse, le mouvement de hausse n'est pas invalidé, vous pouvez calculer ce que produit une poursuite de la dynamique de la bande opposée après T8.

Remarque :

Pour rêver, recherchez les graphiques des TMT fin 1999 sur un graphique hebdomadaire, les indices américains depuis 1980 sur une base annuelle ainsi que les cours de l'or sur un graphique annuel depuis 2000…

CHAPITRE 13

Gestion des modifications de figure/position

Dans la majorité des cas, la figure reste inchangée jusqu'à la sortie de position. Cependant, une modification de la puissance de la volatilité peut intervenir. Nous analysons l'impact d'une baisse et d'une hausse de la volatilité sur la gestion de la position.

Une modification de la volatilité peut générer soit une IEN soit une IEP.

À partir d'une situation comprise entre T2 et T4, une variation du potentiel de la volatilité peut se produire. Une réduction de la volatilité provoque une IEN (les opérateurs décident que le mouvement qui a provoqué T1 n'est pas justifié). Une amplification de la hausse de la volatilité déclenche une nouvelle IEP (les facteurs qui ont provoqués T1, T2, T3 ou T4 se renouvellent et se multiplient).

1. Baisse de la volatilité

La baisse de la volatilité avant la fin de T4 implique que le mouvement observé précédemment sur les cours ne va pas se poursuivre et va même s'inverser. C'est une IEN et donc une sortie de position.

Graphique 13.1. – Baisse de la volatilité avant la fin de T4

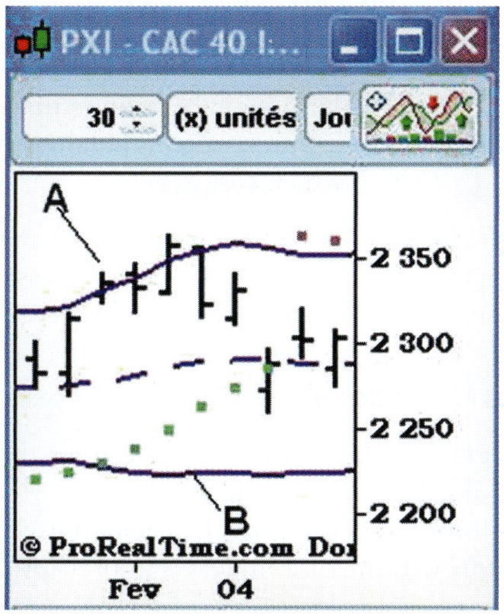

Remarques :

La conséquence est une diminution ou une disparition de la dynamique de la bande opposée.

Ce cas est généralement lié à une IEN sur les moyennes mobiles de l'unité de temps principale qui n'a pas été détectée.

En (A), un T1 est observé. La dynamique de la bande opposée est nettement plus faible que celle où les cours sont à cheval. Durant les deux périodes suivantes, la dynamique propre à chacune des bandes n'est pas remise en cause. Durant T4, en (B), la dynamique de la bande opposée est remise en cause. C'est une IEN qui impose de liquider la position. Les cours réintègrent l'intérieur des bandes de Bollinger.

2. Amplification de la hausse de la volatilité

Parfois l'opérateur n'est pas entré en position car tous les critères pour observer un T1 ou un T2 n'étaient pas réunis (certaines IEP étaient absentes). L'amplification de la hausse de la volatilité peut être une opportunité pour entrer dans le marché. Si la figure est une bulle, en présence d'une amplification de la hausse de la volatilité, la figure sera requalifiée en parallèles et gérée comme telle. Si la figure est de type parallèle au départ, l'analyse de l'opérateur sera confortée.

Trois cas sont envisageables. Ce sont ceux décrits dans le chapitre consacré au parabolique (pas de modification de tendance deux périodes après le croisement du parabolique et de la moyenne mobile (IEP de type I), croisement de la moyenne mobile de Bollinger et du parabolique avec poursuite de la dynamique de la bande opposée (IEP de type II), non-croisement des cours et du parabolique à la suite du croisement des cours et de la moyenne mobile (IEP de type III).

Remarques :

Pour valider les hypothèses précédentes, il est indispensable que les moyennes mobiles à 7 et 23 périodes sur l'unité de temps principale soient dans le sens de la prise de position.

Une fois la requalification validée, la gestion se fait avec les critères des parallèles.

Graphique 13.2. – Pas d'inversion de tendance 2 périodes après le croisement moyenne mobile/parabolique

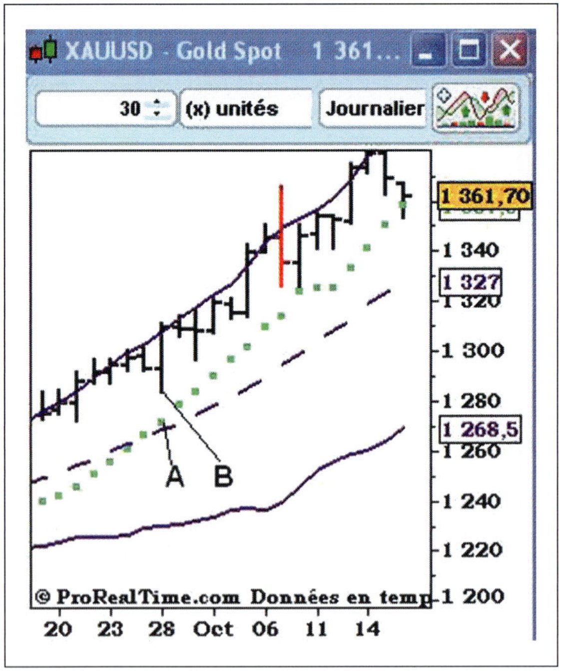

2.1. *Poursuite du mouvement sur les cours durant les deux périodes qui suivent le croisement parabolique/moyenne mobile*

Cette configuration est principalement utilisée lorsqu'elle est présente sur l'unité de temps principale avec un T1 sur l'unité de temps majeure.

En (A) validation du croisement PD avec MD. Le point bas est le niveau (B). Durant les deux périodes suivantes, le niveau (B) n'a pas été enfoncé. La figure est reclassée en parallèles.

Remarque :

Si dans les deux périodes qui suivent le croisement parabolique/moyenne mobile de Bollinger les cours progressent sensiblement, la puissance du mouvement sera renforcée.

2.2. *Dynamique de la bande opposée*

Dans ce cas, un opérateur débutant pourra prendre position si le croisement se fait au plus tard en T4.

Pour assurer un minimum de rentabilité, l'anticipation de la poursuite de la dynamique est fondamentale[75]. Par précaution,

75. Le passé on s'en f..., laissons-le à ceux qui manquent d'imagination. C'est l'avenir qui nous importe.

un débutant pourra prendre position si l'anticipation de la poursuite de la dynamique de la bande opposée n'est pas remise en cause durant les deux prochaines périodes. Un opérateur expérimenté se contentera de la poursuite de la dynamique durant une seule période.

En (A) lors du croisement du parabolique et de la moyenne mobile de Bollinger, UD est orientée à la hausse.

Graphique 13.3. – Dynamique sur la bande opposée

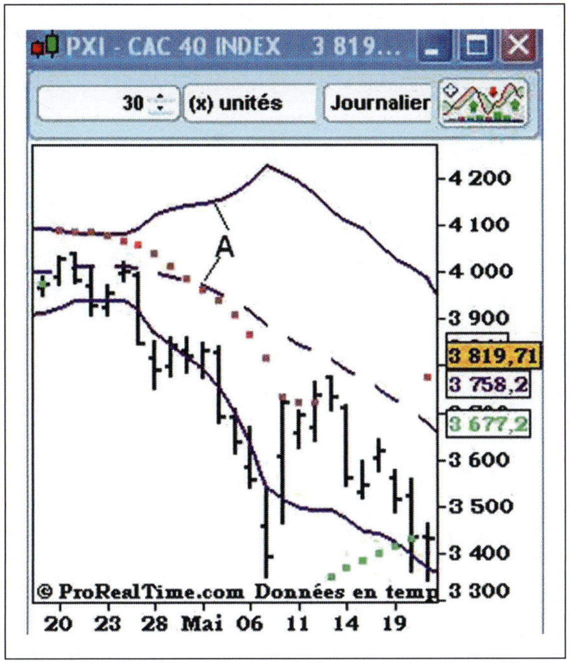

Remarques :

Il est possible de moduler la puissance du mouvement à venir :

Croisement du parabolique et de la moyenne mobile : avant T5, le mouvement sera violent, entre T6 et T8 le mouvement sera puissant.

2.3. Non-croisement cours/parabolique

Cette configuration est principalement utilisée lorsqu'elle est présente sur l'unité de temps principale avec un T1 sur l'unité de temps majeure.

Les opérateurs très expérimentés peuvent utiliser cette configuration pour prendre position.

En (A) le cours frôle le parabolique (si PD avait été traversé, il aurait changé de couleur et de niveau lors de la période suivante). Dès que le point bas (B) est franchi à la baisse, durant la période qui suit, la figure est requalifiée en parallèles.

Graphique 13.4. – Non-croisement cours/parabolique

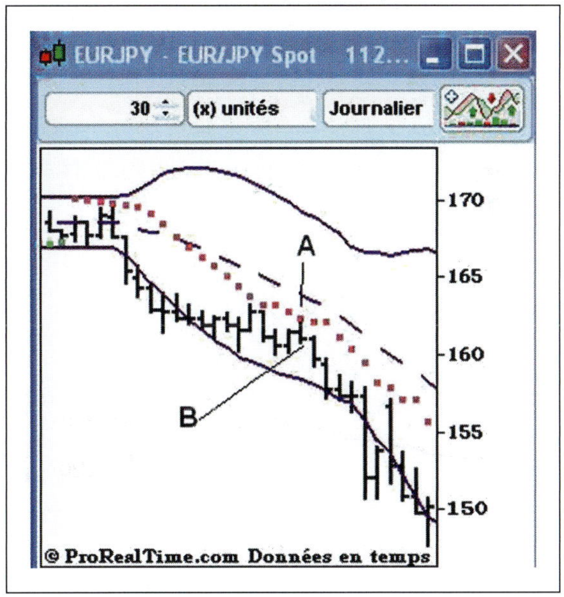

Chapitre 14

Sortie de position

Selon que la figure est de type bulle ou parallèle, les critères de sortie de la position sont différents. Les différents protocoles sont présentés.

Les critères sont objectifs. Sur les unités de temps quotidiennes et supérieures, il n'y a jamais de surprises. En intraday des aménagements peuvent être utiles.

1. Bulle

La sortie se fait en une fois car à la fin du mouvement le retournement de tendance est assez violent. Deux indicateurs sont à notre disposition.

1.1. *Retournement de la bande de Bollinger opposée*

Ce critère ne doit être utilisé que si la bande opposée est parfaitement plate. A la fin de la phase de plateau, la bande forme un angle obtus.

Si la phase de plateau n'est pas réellement plate, notre stochastique doit être utilisé.

1.2. *État suracheté/survendu du stochastique*

La sortie est exécutée lorsqu'un surachat (fin de la hausse) ou une survente (fin de la baisse) sont observés.

Ce second indicateur est un signal impératif de sortie car il se produit après le retournement de la bande opposée.

La bulle débute avec un T1 en (A) et des cours (B) et (C) en dehors de la bande inférieure. La sortie se fait soit en D1 lors de la rupture de la phase de plateau, soit lors du croisement de % K et de %D en (E1). Si le retournement de la bande est sujet à interprétation, l'utilisation du stochastique s'impose. Le croisement de %K avec %D (E1) est un signal impératif.

Graphique 14.1. – Sortie de bulle

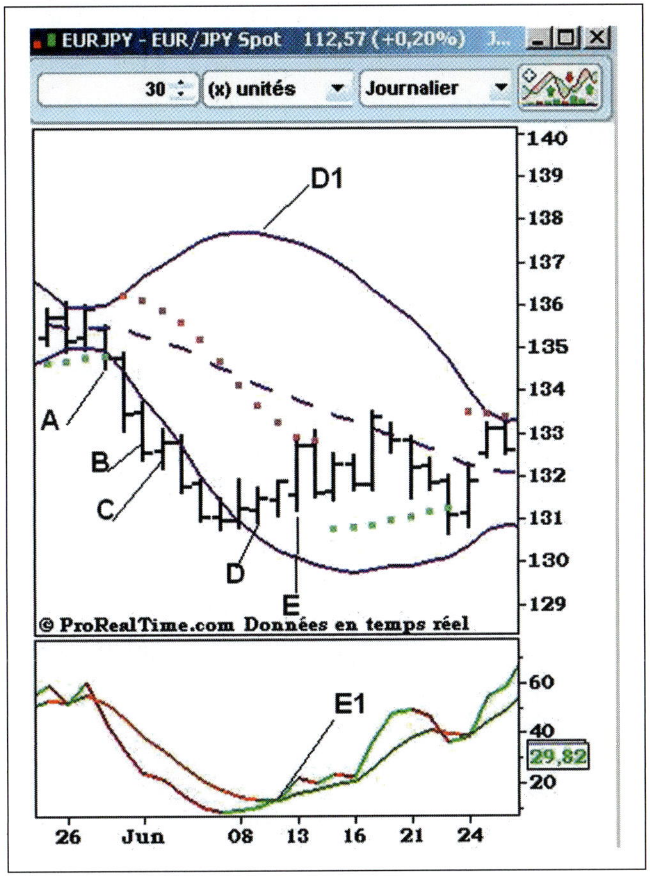

Remarques :

La sortie à l'aide de (D1) permet d'obtenir de meilleurs résultats que celle fournie par (E1).

La présence d'une IEP sur le stochastique indique que le mouvement n'est pas terminé. Un reclassement de la bulle en parallèles est probable.

2. Parallèles

La sortie peut se décomposer en deux étapes.

2.1. Première étape : Lorsque les cours traversent le parabolique.

Deux hypothèses sont en présence :

- si la moyenne mobile à 7 périodes n'a pas changé de tendance, aucune action n'est requise ;
- si la moyenne mobile à 7 périodes a changé de tendance, 50 % de la position sont liquidés.

Remarque :

Le test avec le parabolique n'est utilisé qu'une seule fois.

2.2. Deuxième étape : solde du reste de la position (50 ou 100 %)

Le solde de la position est liquidé lorsqu'en clôture les cours traversent la moyenne mobile de Bollinger.

Remarque :

Il arrive qu'en intra-période la moyenne mobile soit traversée mais que cela ne soit pas validé en clôture. Dans ce cas, il n'est pas rare d'observer un rebond puissant ou une reprise de la tendance précédente.

Graphique 14.2. – Sortie de parallèles

Sur le graphique de gauche, en (A) les cours croisent le parabolique. La moyenne mobile sur 7 périodes (A1) est passée de verte à rouge (changement de tendance). 50 % de la position sont vendus. Le reste est vendu en (B) lorsque la clôture se fait en-dessous de MD.

Sur le graphique de droite en (C), les cours croisent à la hausse le parabolique. La moyenne mobile courte (C1) est restée orientée à la baisse (couleur rouge inchangée). La totalité de la position est conservée. La sortie, 100 % de la position, se fait en (D) lorsque la clôture se fait au-dessus de MD.

Chapitre 15

Pour sortir du statut de débutant : travailler les pré-parallèles

S'il est possible de rester débutant, la majorité des opérateurs cherchent à faire un nombre plus élevé d'opérations. Pour réaliser ce passage dans de bonnes conditions, une auto-évaluation et un entraînement sont proposés.

La configuration de pré-parallèles se rencontre souvent. C'est en sa présence que les analystes vont pouvoir imiter les joueurs d'échecs. Il est possible d'anticiper jusqu'à quatre tendances successives. Lorsque vous arriverez à faire une analyse comparable à celle décrite dans l'exemple traité, vous pourrez songer à passer du statut d'opérateur débutant à celui d'opérateur confirmé. Lorsque ce type de raisonnement se fera instinctivement et en toutes circonstances, vous pourrez passer du statut d'opérateur confirmé à celui d'expert. Vous pourrez alors envisager de réaliser des opérations intraday sans risque particulier.

Les caractéristiques de pré-parallèles sont : une clôture à l'extérieur d'une bande de Bollinger avec une volatilité plus importante qu'une volatilité de référence, suivie par un retour à l'intérieur des bandes de Bollinger. La moyenne mobile de Bollinger et le parabolique, situés au même niveau, serviront de support/résistance. Simultanément, une IEP est observée sur le MACD. À partir de ce moment, une position est prise et gérée comme une parallèle.

Remarques :

L'IEP sur le MACD peut être remplacée par une IEP sur les moyennes mobiles.

Une sortie à l'extérieur d'une bande de Bollinger en présence d'une volatilité supérieure à la volatilité de référence doit vous inciter à étudier la possibilité d'observer une pré-parallèle.

L'anticipation de la figure est impérative si le parabolique longe la moyenne mobile de Bollinger au lieu de la traverser.

En (A) une clôture au-dessus de la bande supérieure de Bollinger est observée. Cependant, la moyenne mobile de Bollinger n'est pas plate. Il y a présence d'une IEN sur la volatilité. Ceci n'empêche pas les cours de continuer de progresser (B). L'arrêt de la dynamique baissière sur la bande inférieure indique un arrêt de la progression des cours. Durant la période suivante, les cours se dirigent en direction du double support parabolique/moyenne mobile de Bollinger (C). À noter le non-croisement entre la moyenne et le parabolique (D) durant plusieurs périodes (IEP pour ce type de figure). Cette zone sert de support. Une reprise des cours vers la bande supérieure est donc attendue (E). L'état de la volatilité (écart entre

Graphique 15.1. – Pré-parallèles

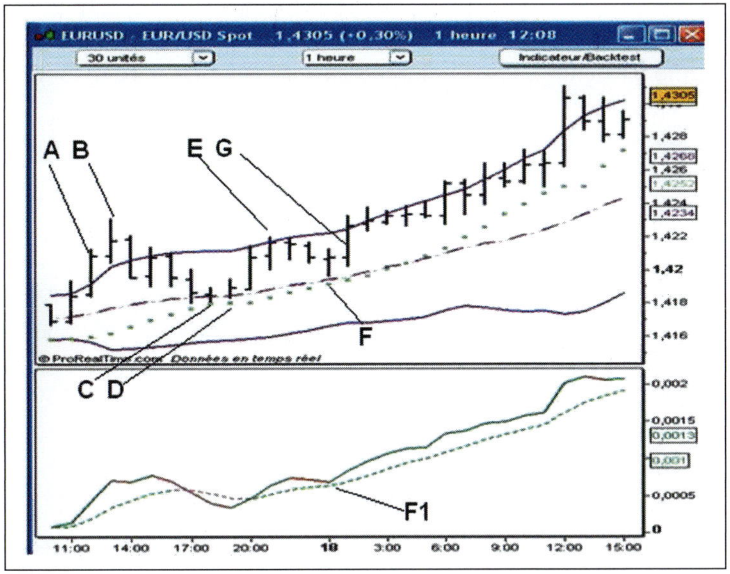

Graphique 15.1. – Pré-parallèles

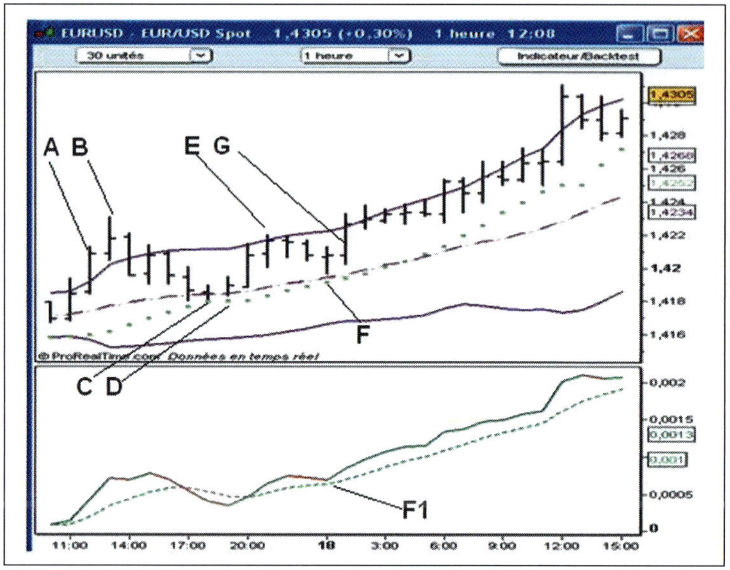

les bandes de Bollinger) s'est encore écartée du niveau d'une volatilité de référence. La bande de Bollinger supérieure doit servir de résistance. Les cours s'orientent vers le double support (F). Concomitamment, le MACD est dans un état de non-croisement haussier (IEP) en (F1). L'opérateur entre dans le marché durant la période suivante (G) et gère la position en utilisant les règles des parallèles.

Remarques :

L'entrée en (G) se fait à un niveau inférieur à ce qui aurait pu être un T2 en (B).

À partir de (C) l'analyste doit anticiper le non-croisement (F1) grâce à l'IEP. Ce type d'anticipation se rencontre très souvent car la clôture à l'extérieur d'une bande avec une volatilité supérieure à la volatilité de référence n'est pas rare. Lorsque la conception d'un scénario permettant d'anticiper l'IEP sur le MACD sera votre premier réflexe, vous serez prêt pour travailler, sans risque particulier, les marchés accessibles à un opérateur confirmé.

Conclusion : toutes les figures utilisées en ATDMF 2011 ont été présentées.

Chapitre 16

Analyse de type économique (débutants et confirmés)

L'analyse de type économique est un préalable à l'analyse d'opportunité afin de sélectionner l'actif financier le plus porteur. Nous explorons cette approche qui n'est jamais proposée par ailleurs.

Afin d'acquérir l'autonomie indispensable pour travailler sereinement, une fois par semaine, il est nécessaire d'analyser un certain nombre de produits.

Contrairement à l'analyse d'opportunité, la présence d'une IEN ne provoque pas l'arrêt de l'analyse mais va infirmer la puissance de la tendance en cours. Une IEN peut être un signal de changement de tendance.

Ce type d'analyse permet de réaliser des prévisions à long terme. Elle est indispensable aux experts et professionnels. Les débutants et opérateurs confirmés l'utiliseront pour sélectionner le marché qui présente le plus fort potentiel. Les néophytes en économie s'apercevront rapidement que leurs analyses leur donnent des informations qui sont indisponibles ou en contradiction avec le consensus. Ce n'est pas pour cela que vos analyses seront erronées[76].

Avec cette approche, l'analyse débute avec un triptyque composé des unités de temps annuel, trimestriel et mensuel (de gauche à droite) et se poursuit sur les unités de temps inférieures.

1. Déroulement de l'analyse.

L'analyse se déroule de la façon suivante pour chaque unité de temps :

1.1. Analyse de la volatilité

Elle permet de déterminer des objectifs en temps et amplitude. Les objectifs sont fonction du type de marché

– Marché sans tendance :

Les bandes de Bollinger ou la moyenne mobile de Bollinger de l'unité de temps traitée vont servir de supports résistances. Les objectifs sont les niveaux actuels des bandes et de la moyenne mobile. La durée pour atteindre les objectifs est sans importance mais sera de l'ordre de quelques périodes.

– Marché avec une tendance faible :

Les bandes de Bollinger ou la moyenne mobile de Bollinger de l'unité de temps traitée vont servir de supports résistances. À la différence de la situation précédente, la moyenne mobile de Bollinger et les bandes ne sont pas plates. L'objectif sera le même que précédemment mais le temps et le niveau seront fonction du temps mis par le MACD pour devenir suracheté/survendu.

---

76. En 2003 le prix du pétrole plafonnait à 50 $. J'ai fait rire de nombreux économistes en anticipant un cours supérieur à 100 $ dans les prochaines années.

– Marché avec une tendance forte :

La figure formée par les bandes de Bollinger est de type bulle ou parallèle. L'application des règles de sortie de ces deux figures permet d'estimer l'objectif de cours et le temps mis pour l'atteindre.

1.2. Analyse des indicateurs techniques : recherche des IEP et IEN

– Lorsque le marché est sans tendance ou avec une faible tendance, le comportement du parabolique n'apporte pas d'informations. Dans un marché avec une forte tendance le comportement du parabolique peut générer des IEP.

– Indicateurs d'ATM. La présence d'IEP sur un ou plusieurs indicateurs permet d'une part de requalifier, éventuellement, une bulle sur l'unité de temps inférieure et d'autre part de chercher un support ou une résistance plus éloigné que ceux trouvés avec l'analyse de la volatilité. C'est aussi un moyen fiable de prolonger les anticipations.

1.3. Confrontation des résultats entre analyse de la volatilité et celle des indicateurs

La situation idéale est observée lorsque les deux analyses convergent. Dans ce cas, le raisonnement sera étendu en comparant les résultats avec ceux de l'unité de temps inférieure. Lorsqu'une contradiction est observée, l'analyste privilégie la tendance de l'unité de temps inférieure.

Si un arbitrage est nécessaire entre l'analyse de la volatilité et celle des indicateurs techniques, la comparaison des IEP et les IEN sera utilisée pour trancher.

Remarques :

Avec cette démarche, sur certains produits il ne sera pas possible de faire des prévisions au-delà du graphique hebdomadaire (anticipations à un mois). Pour d'autres produits il est possible de réaliser des prévisions à l'horizon de plusieurs années. La distinction entre un particulier et certains professionnels peut se faire sur ce critère. Le particulier traite le marché sur lequel l'analyse à long terme est simple (il s'abstient de traiter dans le cas contraire), le trader doit faire des prévisions et opérer coûte que coûte quelle que soit la lisibilité des marchés.

Ce type d'analyse est aussi utilisé pour analyser un portefeuille existant.

2. Faire des prévisions économiques avec l'ATDMF 2011

Les variables économiques ne changent pas de tendance plus de trois à quatre fois par an. Une analyse hebdomadaire est donc suffisante. Le week-end est propice à ce type de travail.

Les variables économiques qui peuvent agir sur les composants des marchés sont : les taux d'intérêt, les devises, les matières premières (or, pétrole) et les indices boursiers. Deux catégories d'informations résultent de ces analyses : la tendance propre aux produits analysés et l'influence de certains d'entre eux sur d'autres. Pour traiter le sujet complètement, un cours de macro-économie serait nécessaire. Nous nous limiterons à faire ressortir les informations exceptionnelles.

Remarque :

Le schéma unité de temps principale, unité de temps majeure doit être appliqué. Les taux d'intérêt sont l'unité de temps principale. Les autres variables sont l'unité de temps majeure.

2.1. Taux d'intérêt

Les personnes qui ne sont pas familiarisées avec l'économie doivent limiter leur analyse à la parité Euro/Dollar en unité de temps majeure (ce qui n'est pas si mal).

Deux possibilités de traiter ce sujet : taux longs aux États-Unis et en Europe puis taux courts aux États-Unis et en Europe ou bien taux américain long et court et même démarche pour les taux européens.

Le premier choix permet d'anticiper l'évolution des devises. Le second choix permet d'analyser les courbes des taux dans chaque pays. Pour un particulier, le premier choix est privilégié. Pour un professionnel, c'est l'inverse.

En analyse technique, ce sont les contrats à terme qui servent à faire l'analyse.

Taux long US à 10 ans : 10 Y T-Note code ZNXXXX coté sur le CBOT

Taux long Europe à 10 ans : Euro-Bund code BUNDXXXX coté sur l'EUREX

Taux court à 3 mois US : Eurodollar code EDXXXX coté sur le CME

Taux court à 3 mois Europe : Euribor 3 mois code 3MEBXXXX coté sur l'EUREX

Remarque :

Pour opérer sur les contrats de taux à 10 et 30 ans, de nombreux trackers (avec effet de levier) sont disponibles. Leur utilisation est réservée aux opérateurs confirmés.

2.2. Devises

La comparaison des taux longs aux États-Unis et en Europe permet de déterminer, sur des graphiques trimestriels et mensuels, si les taux américains vont progresser plus que les taux européens ou l'inverse. Une devise monte par rapport à une autre si la rémunération est plus importante que sur l'autre. L'analyse comparative des contrats de taux en trimestriel et mensuel permet de définir quel est le contrat qui montera le plus ou le moins (attention : les taux au comptant évoluent en sens inverse à ceux des contrats). Il sera donc possible d'anticiper la tendance des cours de l'€/$ pour une période comprise entre 3 et 8 mois. Ensuite, il convient d'analyser sur les graphiques trimestriels et mensuels la parité €/$. Si les résultats trouvés (unité de temps majeure) recoupent ceux trouvés par l'analyse des taux, il sera possible de prendre position. Dans le cas inverse, une IEN sur l'€/$ sera présente.

Remarques :

Les principaux couples de devises traitées sont : €uro contre US Dollar, Dollar contre Yen, Dollar contre Franc Suisse, Sterling contre Dollar et €uro contre Franc Suisse.

Une analyse des deux premiers couples est suffisante pour un opérateur débutant. Sur les unités de temps quotidiennes et hebdomadaires, les fluctuations de l'€/$ ont un effet marqué sur les actions françaises tournées vers l'exportation.

Les fluctuations du Dollar contre le Yen sont brutales mais de nombreux opérateurs qui opèrent sur ce couple de devises sont des analystes techniques. Avec l'ATDMF 2011, il arrive souvent de réaliser des performances exceptionnelles.

Pour les opérateurs expérimentés, il est possible de prendre position à l'aide de warrants[77] afin d'engager des sommes minimes.

Avant de suivre un couple de devises, vous devez regarder le spread Bid/Ask afin de ne pas vous engager si l'écart proposé est dissuasif.

2.3. Matières premières

2.3.1. Or

De tout temps, les performances de l'or (très long, long, moyen, court et très court terme) méritent que les analystes techniques s'y attachent. Durant les années 1970, les transactions sur l'or et ses connexes à la bourse de Paris étaient très largement supérieures à celles des actions françaises.

L'or a le mérite d'être le seul produit qui suscite un intérêt équivalent dans le monde entier. Bien avant l'existence du $, il existait comme moyen de transactions. Il est probable qu'il lui survivra. C'est une constatation partagée par les économies socialistes et capitalistes.

Il reste très populaire aussi bien auprès des particuliers que des banques centrales.

De nombreux supports permettent d'acheter et de vendre de l'or. Nous privilégions l'utilisation des CFD pour les opérateurs qui cherchent à faire des opérations avec un effet de levier. Il est possible de traiter du lundi matin en Asie jusqu'au vendredi 22 h sans interruption. C'est un des marchés les plus actifs. Des trackers reproduisent les cours de l'or et sont à privilégier pour ceux qui souhaitent prendre position au comptant[78].

Le besoin de financement des titres cotés à Paris rend politiquement incorrecte toute référence à l'intérêt du métal.

---

77. Avec un warrant, il n'existe pas de stop-loss. Une position prise doit être comptabilisée à zéro. Pour le fonctionnement d'un warrant, voir l'annexe 2.

78. Il existe différents trackers avec ou sans couverture sur le change car les cours de l'or sont exprimés en USD. Vérifier la liquidité du tracker avant d'opérer.

2.3.2. *Le pétrole*

Les cours du pétrole sont volatils. Il est exclu pour un particulier de prendre un CFD sur ce produit. Une majorité d'intervenants sur ce marché utilise l'analyse technique. Avec l'ATDMF, l'expérience montre qu'il est aisé de faire des plus-values importantes en travaillant les warrants.

L'analyse du pétrole et de l'or doit être faite systématiquement. Ces deux produits comptent parmi les plus volatils et permettent aux opérateurs confirmés et débutants de réaliser des performances enviables.

C'est à l'aide de warrants que les opérateurs confirmés pourront profiter des fluctuations des cours du pétrole.

Les codes mnémoniques sont :

Pétrole : CLXXXX pour la variété WTI qui est la variété la plus traitée.

Or : XAUUSD pour le métal. Pour les trackers faites une recherche sur Internet.

2.4. *Indices boursiers*

CAC 40, S&P 500

Sur un horizon annuel et trimestriel, les deux indices sont parfaitement corrélés. Le S&P est légèrement en avance sur le CAC. Une divergence de comportement doit inciter à réfléchir. Sur des horizons approchés, des considérations de politique économique peuvent apporter des distorsions. Il ne faut donc pas en tirer de conclusions.

Remarques :

Le pétrole et l'or évoluent indépendamment des indices boursiers.

Les opérations sur indices peuvent se faire avec différents trackers. Certains montent quand les indices baissent, certains répliquent l'indice avec ou sans effet de levier. Les débutants n'utiliseront jamais de produit à effet de levier. Les CFD permettent de prendre position à la hausse ou à la baisse. Leur utilisation est principalement réservée aux experts. Il est préférable de privilégier le Dax et ne pas prendre position sur le CAC 40.

Si les indices émergents vous semblent attractifs, les trackers vous y donnent accès.

CHAPITRE 17

Money management

Quels supports travailler en fonction du statut de l'opérateur ?

Après avoir sélectionné un marché à l'aide de l'analyse de type économique, il convient de rentrer dans les détails.

Remarque :

Souvent la maîtrise d'utilisation de la plateforme de trading n'est pas parfaitement assimilée. Avant de passer un ordre réel, assurez-vous de pouvoir accéder à toutes les fonctionnalités sans avoir à réfléchir.

Citons : vos numéros de comptes (réel et démonstration), type de marché, carnet d'ordres, type d'ordre pour prendre et sortir de position (au marché, à cours limité, validité…), annuler et modifier un ordre (cours, quantité), annuler et modifier un stop-loss (cours, quantité), résultat en temps réel de la position en cours, niveau de cours qui permet d'être flat, dépôt de garantie. Réglementation spécifique au marché travaillé.

1. Débutant

L'opérateur débutant va essentiellement travailler au comptant sur les actions françaises et étrangères. Cependant, le Nasdaq est le marché à privilégier pour observer de forts décalages de cours sur des titres dont le volume traité est significatif.

Utilisation d'un logiciel :

Un logiciel aide l'analyste pour faire un premier tri et sélectionner des titres potentiellement intéressants[79]. Rien ne remplace l'œil. Le triptyque utilisé sera du type unité de temps supérieure à l'unité principale, unité principale et unité majeure. Ce qui sera recherché est le produit ayant le potentiel le plus important. C'est donc sur les unités supérieures que se trouve la réponse.

L'opérateur ne pourra réaliser une opération avec effet de levier[80] qu'à une seule condition : avoir une anticipation opposée à celle du marché.

2. Confirmé

En plus des opérations précédentes, l'opérateur pourra étendre son intervention à d'autres supports (devises, taux, matières premières) et sur les contrats à terme.

79. Le module ATDMF inclus dans le logiciel proposé par Prorealtime possède cette fonctionnalité.
80. Warrants et autres produits optionnels similaires.

Remarque :

Les contrats à terme permettent de réaliser des opérations à effet de levier. Ceci signifie que le capital engagé peut être intégralement perdu en l'espace de dix minutes. De nombreuses simulations sur un compte de démonstration sont impératives avant de débuter sur un compte réel. Celui-ci ne devra pas être alimenté de plus de 10 % du montant de votre capital. Les mécanismes de fonctionnement de ces marchés doivent être complètement assimilés avant de prendre une position.

3. Expert

À partir des analyses économiques que nous proposons, il est possible de privilégier un certain type d'actif. C'est dans la classe de celui qui possède le plus fort potentiel que se trouvera le produit qu'il est possible de traiter en intraday.

Certains pensent[81] qu'il est plus sécurisant de clôturer les opérations chaque soir. Pour réaliser des plus-values rapides, il est nécessaire d'opérer sur des produits à effet de levier : les CFD et les contrats à terme[82]. La contrepartie de gains rapides est l'augmentation du niveau de risque. Si c'est vrai qu'il est agréable de ne plus avoir à penser à ses positions le soir et le week-end (même quand les positions sont très gagnantes) faut-il, encore, être en vie…

Une bonne démonstration valant mieux qu'un long discours, quelques simulations vous permettront de faire le point.

Opérer en intraday peut permettre, avec un dépôt de 12 000 €, de gagner en une matinée ce qu'un cadre, en fin de carrière, touche en un mois de travail.

La présence d'une IEN a toujours un effet dévastateur sur le résultat de la position.

Pour travailler, l'opérateur ne doit pas avoir de gros ou petits soucis. Il ne doit se consacrer qu'à l'observation de son écran et de son logiciel pour passer les ordres. Si vous répondez au téléphone pour recevoir des nouvelles d'un proche qui est malade, vous constaterez que c'est à ce moment précis qu'il aurait fallu dénouer la position pour éviter de perdre votre dépôt[83].

Pour opérer, il convient de modifier le triptyque de base en ajoutant des horloges, en faisant apparaître systématiquement le bandeau et en modifiant les règles de stop-loss. Si les critères utilisés pour prendre position en multidays servent de base, des contrôles supplémentaires sont indispensables. Le contenu de notre check-list s'en trouve modifié (analyse de l'horloge). Une analyse dynamique est également ajoutée. Tous les opérateurs savent

81. Il peut s'agir d'un argument commercial qu'on leur a soufflé.

82. Les CFD sont des produits proposés par les brokers et les contrats à terme sont des produits cotés par les organismes officiels. L'utilisation des CFD est plus souple : informations Saxo Banque, Mme Nathalie Kyheng, + 33 1 77 75 59 74 de la part de Philippe Cahen.

83. Les tentations de se détourner de son écran, pour des motifs plus futiles, ne manquent pas…

prendre position au même moment. L'habitude de prendre position permet de se baser sur des signaux subjectifs pour entrer sur le marché (permet de sélectionner les opérateurs capables d'opérer sur l'intraday). Le déclenchement des signaux subjectifs dépend en grande partie du portrait psychologique des intervenants. L'apprentissage est donc d'un faible secours vis-à-vis de cet état.

Pour la sortie de position, le comportement psychologique est aussi important que le respect des règles. Quelques secondes suffisent pour faire basculer le résultat d'une opération.

Chapitre 18

La touche finale

Se préparer à opérer. Pour cela un certain nombre d'opérations de contrôle doit être réalisé.

L'analyste technique particulier [84] a pour objectif de prendre des positions. Un opérateur débutant ou confirmé doit écrire son analyse avant de passer à l'action. L'expert qui réalise des opérations intraday se passe de cette phase de préparation.

1. Débutants et opérateurs confirmés

Pour une analyse d'opportunités, il suffit de se construire une grille basée sur la check-list décrite. L'analyse de type économique est moins structurée puisqu'une IEN n'implique pas d'arrêter l'analyse.

Lorsque vous pensez à ce que vous allez écrire, ayez une seule idée en tête : que dois-je écrire pour avoir un minimum de modifications à faire lors de la prochaine mise à jour… Vous verrez c'est comme cela que l'on fait de bonnes prévisions.

L'analyse va être utilisée pour prendre position ou pour comparer deux ou plusieurs produits. Analyser le passé pour remplir des lignes n'est d'aucune utilité. Lors de la rédaction de l'analyse, il est nécessaire de respecter un certain nombre de principes. Les analyses servent à faire des anticipations. Elles se décomposent en deux phases.

1.1. Anticipations

Un leitmotiv : que faut-il envisager de manière à avoir le moins de modifications à faire durant la prochaine analyse ? Les récompenses : vous aurez moins de travail à faire durant la prochaine analyse et si vous avez pris position vous avez encaissé des plus-values.

1.1.1. Quelles sont les IEP et IEN à venir ?

La réponse est obtenue en prolongeant le comportement de tous les indicateurs pour les trois prochaines périodes.

Remarque :

Lorsque le stochastique est illisible, ce n'est pas grave et même normal dans un marché avec une forte tendance.

1.1.2. Ce qui est établi

Les tendances et les IEP/IEN présentes sur les unités de temps supérieures à l'unité de temps majeure (journalier pour une analyse de type économique).

84. L'analyste technique professionnel se distingue aussi du particulier par le fait qu'il se contente de faire des analyses.

1.1.3. Ce qui va se produire

Quelles sont les probabilités de reclassement (négatif ou positif), confirmation des critères de fin de mouvement.

Remarque :

Dans un marché sans tendance, le retournement du stochastique sert à valider les retournements de marchés.

1.1.4. Le sentiment de l'analyste

L'analyste doit faire confiance à ses informations et anticiper ce qui est possible et impossible pour les prochaines tendances (revoir le travail fait avec les pré-parallèles).

Dans nos analyses, nous indiquons sous le titre : idées, l'évolution la plus probable des indicateurs.

Remarque :

En réalité, c'est l'évolution de certains indicateurs qui permet un développement intéressant pour les cours (par exemple : en situation de pré-parallèles potentielles, analyser si le non-croisement sur le MACD peut être envisagé…).

1.2. Les conclusions

1.2.1. Les idées

Au vu des précédentes informations, l'analyste doit en faire la synthèse pour envisager le scénario le plus probable. C'est cela le travail d'anticipation.

1.2.2. Le pari

Si les idées sont des configurations qui ont une certaine probabilité de se réaliser, le pari relève d'un scénario possible mais qu'aucun critère ne permet de justifier. C'est le sentiment et l'expérience de l'analyste qui prévalent.

Un opérateur n'est pas toujours dans le marché, à cause des IEN liées à son état. Mais ceci ne doit pas l'empêcher de savoir pourquoi tel ou tel mouvement se produit ou va se produire.

1.2.3. La conclusion

Elle tient compte des informations précédentes avec une pondération entre les faits techniques et le sentiment de l'analyste. La fiabilité de la prévision se mesure par l'amplitude de la durée.

2. Pour les opérateurs intraday

L'opérateur prend, gère et sort de position à l'aide des critères définis. Mais il doit toujours savoir ce qui va se passer durant les deux prochains mouvements. Si ce n'est plus le cas, il est grand temps de solder la position.

Le marché doit suivre vos anticipations et non pas l'inverse.

Conclusion de la troisième partie

QUELLES PERFORMANCES AVEC L'ATDMF ?

À la question, quelle est la performance de l'ATDMF ? Laissons la réponse aux utilisateurs. Certains opérateurs se lamentent de ne trouver que rarement des titres en situation de T2, alors que dans le même temps d'autres opérateurs me font part de leurs exploits. Pour vous faire une idée, le mieux est de vérifier sur notre site www.analyse-technique-atdmf.fr nos analyses et éditoriaux et de les comparer à d'autres publications contemporaines.

Cherchez sur des graphiques anciens des mouvements pour lesquels vous auriez aimé prendre position et observez : un tel mouvement ne se produit jamais en présence d'une IEN ; l'ATDMF 2011 ne permet pas de prendre position sur tous les mouvements car certains se produisent avec trop peu d'IEP. Mais lorsque les critères de prise de position sont respectés, la plus-value est toujours au rendez-vous.

Quatrième partie

Pratique de l'ATDMF 2011

Nous procédons sur les différents marchés à une analyse de type économique afin d'anticiper le potentiel de variations de cours en fonction de la présence d'IEP et d'IEN. Sur le marché le plus performant : l'or[85]*, nous présentons les références de nos analyses publiées sur notre site. Nous concluons par des conseils pour les débutants.*

85. Depuis juin 2009, la méthodologie utilisée est celle de cette version sans la terminologie.

Chapitre 19

Analyse de type économique

Nous comparons les potentiels de différents marchés afin de sélectionner l'un d'entre eux. Ces analyses sont réalisées durant le dernier trimestre 2010.

1. Devises

L'€/$ représente en volume le montant échangé quotidiennement le plus important. Le graphique est représentatif des performances envisageables.

Graphique 19.1. – Devises

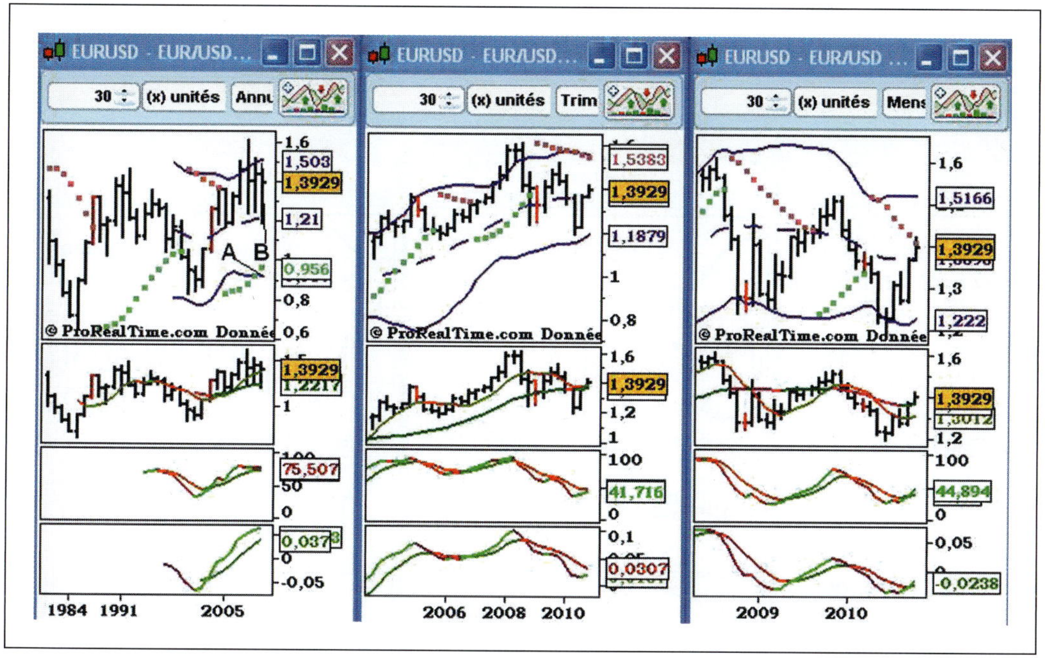

Sur le graphique annuel, LY est plat (A) et UY pourrait le devenir (B). UY est notre résistance principale et MY un support important. Pendant les trois prochaines périodes les moyennes mobiles vont se stabiliser puisque les cours retirés sont pratiquement au niveau des cours de clôture actuel. Le stochastique est neutre et le MACD indique que l'objectif à privilégier est UY.

Sur le graphique trimestriel, sur les moyennes mobiles, un croisement de type A est probable au vu des cours – 7 et – 23. UQ est l'objectif à privilégier. Il est à un niveau équivalent à UY. Le gain probable avoisine 10 %.

Remarque :

Tant que le trimestre n'est pas terminé, un non-croisement baissier sur le stochastique ne peut pas être exclu. Dans ce cas, un retour sur LQ serait probable. Un gain de 14 % maximum serait envisageable.

2. Indices

Le CAC 40 et les indices américains sont parfaitement corrélés sur une base annuelle. La composition du S&P 500 est plus stable que celle du CAC 40. Les fluctuations sont donc plus représentatives.

Graphique 19.2. – Indices

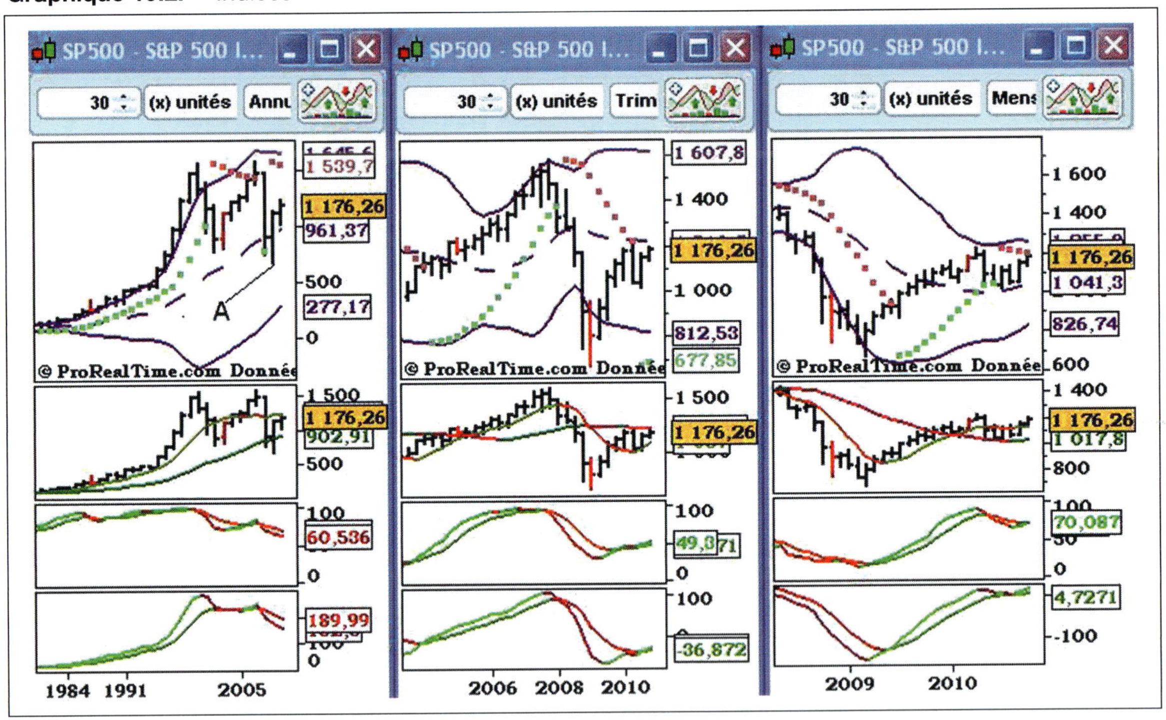

Sur le graphique annuel, le niveau de la volatilité est proche du maximum. La probabilité de dépasser UY est pratiquement nulle. MY est le premier support. Sur les moyennes mobiles, M23 va continuer de progresser pendant un minimum de 6 périodes. Pour la moyenne courte, il est difficile de se prononcer car les cours – 7 à – 4 progressent fortement. Par ailleurs le stochastique et le MACD ne sont pas survendus et la divergence baissière qui a débuté en 2007 n'est donc pas terminée. Tant que MQ n'est pas dépassé (en clôture), priorité est donnée au comportement du stochastique annuel. Un retour sur le point bas (A) n'est donc pas exclu. Un objectif à la hausse peut être déterminé à l'aide du graphique trimestriel. L'écartement des bandes du Bollinger trimestriel (UQ au même niveau que UY) interdit d'anticiper un niveau plus élevé. Une progression de 45 % semble être un maximum possible.

Remarque :

La zone MQ/UM pourrait servir de résistance. Dans ce cas, le scénario à privilégier serait un retour sur (A) puis LY si ce niveau ne sert pas de support. Au moment où est faite l'analyse, il n'est pas possible de privilégier un tel scénario même si les IEP sur le stochastique et le MACD donnent LY comme objectif.

3. Matières premières : Pétrole et or

3.1. Pétrole

Il s'agit de la variété WTI (NYMEX) qui est la variété qui génère les plus forts volumes de transactions et dont la position ouverte sur les marchés à terme est sans équivalent dans le reste du monde.

Graphique 19.3. – Pétrole

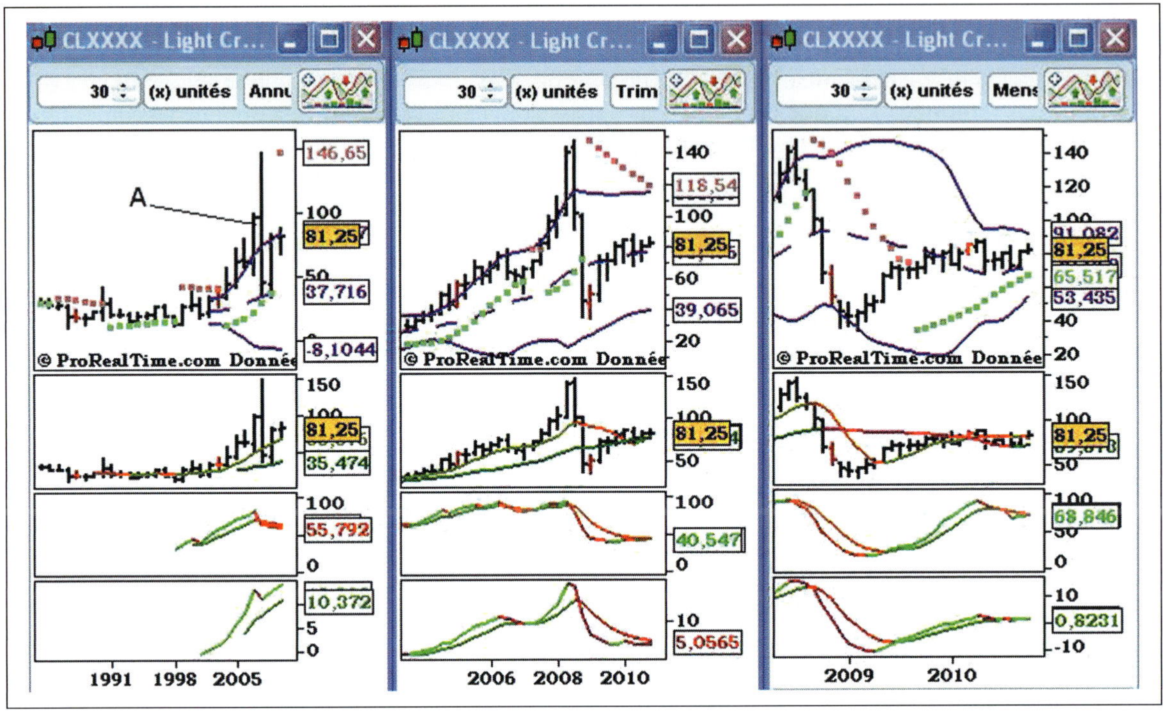

Sur le graphique annuel, les bandes de Bollinger divergent. Un non-croisement haussier est en cours sur le MACD. La hausse des cours va se poursuivre durant les trois prochaines périodes (le cours – 4 (A) pourrait provoquer un retournement de tendance de la moyenne mobile courte). Sur le graphique trimestriel, l'écart des bandes de Bollinger est maximal. UQ ne semble pas devoir être dépassé. Le potentiel de hausse est de 45 %.

Remarque :

Un non-croisement baissier sur le MACD trimestriel ne peut pas être exclu avant janvier 2011. Si cette hypothèse se vérifie, LQ deviendrait un objectif. La marge de fluctuations des cours ne modifie pas notre analyse.

3.2. Or

L'or est traité pratiquement 24 h/24 dans le monde entier du lundi matin au vendredi soir. C'est une valeur refuge par excellence et, jusqu'à une période récente, contrepartie de toutes les devises. Le cours de référence est traditionnellement le second fixing coté à Londres.

Graphique 19.4. – Or

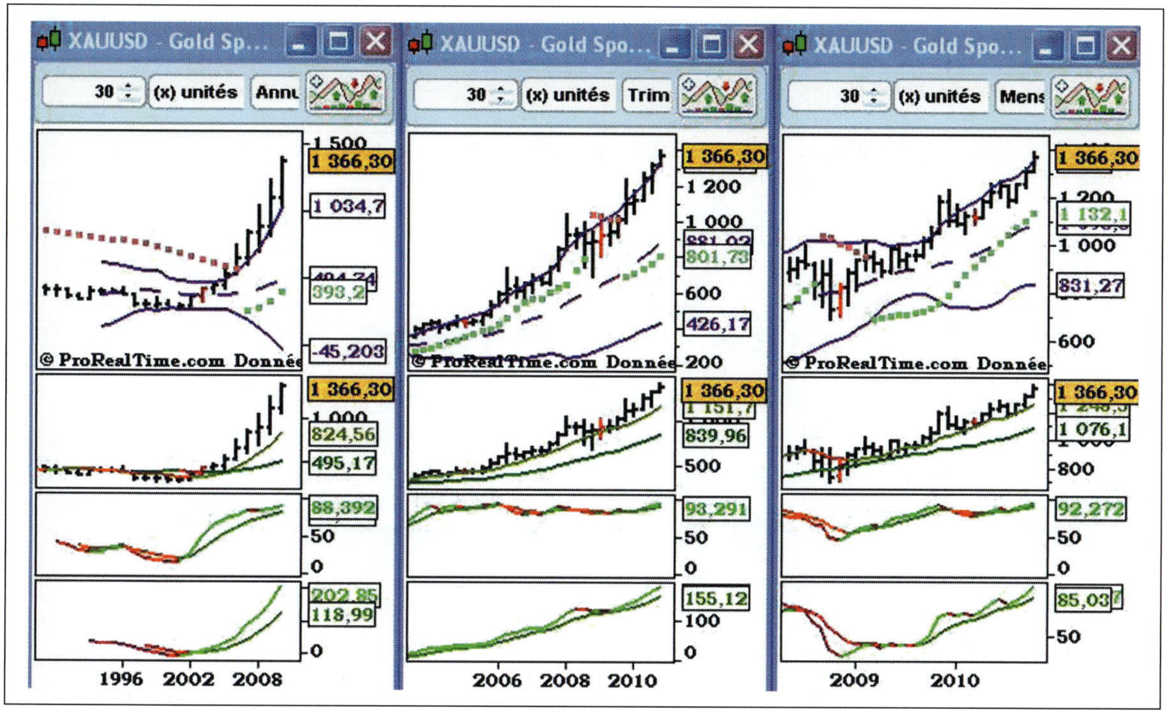

Sur le graphique annuel, des parallèles sont en cours depuis 6 périodes. Durant la prochaine période, le croisement entre PY et MY est peu probable. La progression des cours jusqu'en T8 est envisageable. L'analyse de la moyenne mobile courte et des cours – 7, – 6 et – 5 permet de penser que la progression des cours va se poursuivre (grâce au non-croisement observé sur le stochastique). La progression des cours jusqu'en T9 est donc possible. De plus, une requalification en parallèles (suite au croisement PY/MY) va renforcer la probabilité d'être dans des parallèles. La sortie ne se fera donc que dans un nombre de périodes éloigné.

Pour trouver un objectif concernant un point haut sur les cours, il est possible de faire référence à une figure similaire : le S&P 500 annuel à partir de 1986.

Graphique 19.5. – Or et S&P 500

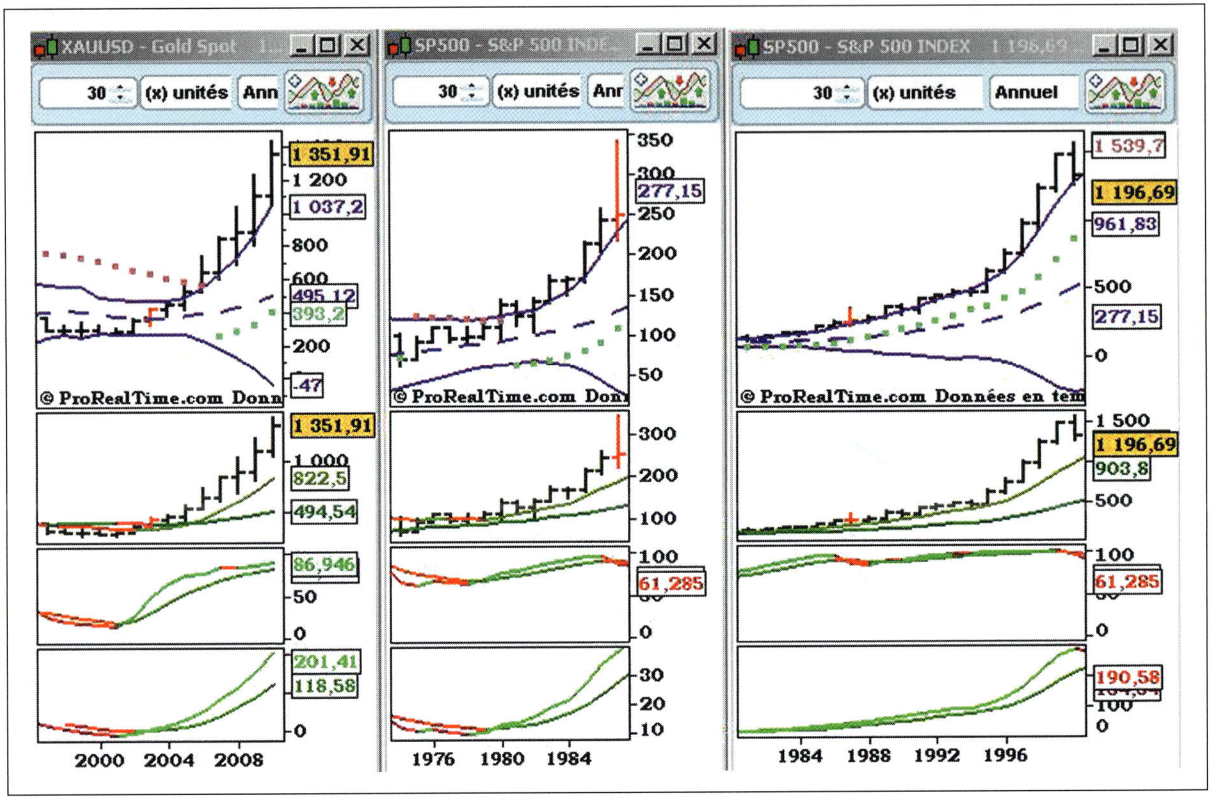

L'écart entre le T1 (150) en 1982 et le plus haut (1 500) en 2000 donne une amplitude (x10) et une durée de 19 ans qui pourraient servir de référence pour l'or. Pour celui-ci, un T1 à 500 $ l'once a été observé en 2005.

Les caractéristiques du graphique de l'or (à gauche) sont les suivantes : une volatilité minimale avant le T1 et une dynamique de chaque bande de Bollinger qui reste parfaite en T6. Un non-croisement est en cours sur le stochastique. La poursuite du mouvement en cours sur les moyennes mobiles et le MACD ne devrait pas être remise en cause durant les trois prochaines périodes.

Le graphique du milieu représente le S&P 500 dans une situation comparable (deux périodes avant le croisement PY/MY). À noter que la volatilité avant le T1 était probablement plus élevée que sur l'or. Un non-croisement sur les moyennes mobiles avait précédé le T1 mais le stochastique est suracheté. Le graphique de droite représente l'évolution des cours du S&P 500 durant les périodes suivantes (le bar-chart en rouge sert de repère).

En absence d'IEN sur le graphique mensuel de l'or, un mouvement similaire peut être envisagé. C'est à partir de 2000 qu'un changement de tendance sur le graphique mensuel du S&P 500 est intervenu.

Conclusion

Depuis mai 2009, priorité doit être donnée à l'achat d'or car le potentiel de fluctuation est très largement supérieur à ceux trouvés en analysant les autres marchés.

Chapitre 20

Analyses d'opportunité pour un débutant

Un débutant peut prendre une position sur n'importe quel marché, suite à une analyse économique, si les unités de temps journalière, hebdomadaire, mensuelle et trimestrielle ou hebdomadaire, mensuelle, trimestrielle et annuelle vont dans le même sens.

Depuis 2003 cette situation s'est produite sur le pétrole puis actuellement sur l'or. Mais dans la majorité des cas, l'opérateur prendra position sur les indices (au comptant, à l'aide de trackers sans effet de levier) et les actions.

Il y a plus d'opportunités sur le Dax que sur le CAC 40. Les trackers peuvent donner accès à une palette d'indices représentative de nombreux pays. Il est préférable d'opérer avec ceux cotés aux États-Unis pour être assuré que les transactions sont régulières. En France, pour les actions, il est préférable de se limiter aux titres du CAC 40. Les transactions sur les titres des autres compartiments peuvent être limitées. Nous conseillons de privilégier les titres américains du NYSE et surtout du Nasdaq. C'est sur ce dernier marché que les utilisateurs de l'ATDMF 2011 peuvent se faire plaisir. Chaque jour, il est possible d'extraire de ces bases de données entre 5 et 30 titres, en situation de T1 potentiel, dont les transactions dépassent un million de US $. Ce montant est un minimum pour être assuré que la sortie de position se fera sans difficulté. Sur les marchés américains, la volatilité est systématiquement plus élevée que sur le marché français.

Bilan

Comparez nos recommandations tirées de nos analyses avec celles publiées ailleurs pour vous convaincre qu'il est urgent que vous deveniez totalement indépendant, et que le contenu de cet ouvrage renferme toutes les informations pour y parvenir.

La présence d'une IEN est rédhibitoire. La présence d'IEP telles que présentées permet d'obtenir des résultats probants.

Vous pouvez souhaiter prendre un minimum de risques et vous contenter de suivre à la lettre notre planning. Vous pouvez également assouplir certaines conditions pour entrer plus souvent dans un marché. Une fois encore, nous répétons que les règles sur la volatilité ne sont pas négociables[86]. En revanche, une certaine souplesse dans l'utilisation des indicateurs appartenant à l'ATM permet aux opérateurs très expérimentés de diminuer « la rigidité » de l'ATDMF 2011. Vous disposez du mode d'emploi pour gérer cette situation. Vous pouvez tester des adaptations, mais l'utilisation de l'ATDMF doit rester un plaisir. N'oubliez jamais que les libertés que vous prenez se font au détriment de la sécurité.

86. La présence d'une volatilité minimale, d'une symétrie parfaite des bandes pendant T2 et d'une hausse de la volatilité limitée peut rendre un opérateur heureux si un non-croisement sur l'unité de temps supérieure est observée.

Conclusion

Vous êtes convaincu que l'ATDMF 2011 répond aux questions que vous vous posiez sur l'utilisation de l'analyse technique.

Vous avez deux possibilités :

1. Vous disposez de temps

Relisez le livre pour être sûr de ne rien oublier. Rendez-vous sur notre site http://analyse-technique-atdmf.fr pour voir nos analyses : l'ATDMF 2011 est intégralement utilisée depuis novembre 2010. Chaque semaine, le site est enrichi de 4 nouvelles analyses qui permettent de vérifier vos connaissances. Avant de lire nos analyses, faites vos propres analyses. Un jour, vous aurez envie de passer à l'acte. Dans un premier temps, faites des simulations à l'aide d'un compte de démonstration. Le jour arrivera où vous alimenterez votre compte réel pour opérer.

2 Vous souhaitez pouvoir intervenir rapidement

Prenez contact avec nous pour suivre (dans le centre de Paris) une formation de trois jours (semaine ou week-end). Dans un cadre agréable, avec au maximum 2 autres participants, nous prendrons le temps nécessaire pour que vous repartiez opérationnel après avoir acquis les automatismes. Un suivi personnalisé de deux mois, par téléphone, vous permettra de résoudre vos problèmes sur l'utilisation de la méthode[87].

Par la suite, si vous souhaitez vous former au trading intraday, nous proposons une formation de cinq jours. Elle est similaire à celles que nous avons pratiquées durant de nombreuses années au sein de notre vie professionnelle. Elle est organisée pour un seul participant[88]. Un compte de démonstration permet de tester les opérations qui

87. Moins de 20 % des participants à nos formations ont besoin de faire appel à ce service.

88. Il arrive que vous n'ayez pas le profil requis pour réaliser ce type d'opérations. Les résultats obtenus à l'issue de la formation sont en général significatifs.

semblent hasardeuses et de s'entraîner en absence de signaux de prise de position. Avec votre compte réel vous apprenez à acquérir la réactivité propre à cette activité.

Mais surtout, n'oubliez pas que, pour réaliser des plus-values, l'absence d'IEN est indispensable.

Renseignements : atdmfcahen@yahoo.fr

Annexes

Annexe 1

Références des analyses publiées sur l'or depuis mai 2009 sur le site de l'ATDMF

http://analyse-technique-atdmf.fr/?p=517
http://analyse-technique-atdmf.fr/?p=581
http://analyse-technique-atdmf.fr/?p=611
http://analyse-technique-atdmf.fr/?p=635
http://analyse-technique-atdmf.fr/?p=691
http://analyse-technique-atdmf.fr/?p=697
http://analyse-technique-atdmf.fr/?p=708
http://analyse-technique-atdmf.fr/?p=1020

Le suivi de nos analyses est disponible le mardi matin, une semaine sur deux (en alternance avec le pétrole) sur notre site : http://analyse-technique-atdmf.fr

ANNEXE 2

Warrants

Quels critères permettent de déterminer objectivement s'ils doivent être utilisés ?

L'analyste cherche si, pour l'échéance envisagée et au prix d'exercice correspondant à l'objectif, il y a des cotations. Si c'est le cas, ceci signifie que d'autres opérateurs ont fait la même prévision. Le prix coté en tient compte et ceci ne présente plus une réelle opportunité[90]. En revanche, si le prix d'exercice extrême coté est éloigné de notre prévision, ceci signifie que notre analyse est contre celle du marché. Dans ce cas, il convient de prendre position sur le prix d'exercice traité le plus éloigné puis de rouler la position au fur et à mesure de l'évolution du marché.

Dans notre optique d'utilisation, les positions sont prises sur une date d'échéance supérieure à 6 mois afin de ne pas subir l'interaction de la valeur temps.

Remarque : si votre objectif n'est pas coté, il est possible de laisser traîner un ordre, il arrive que cela aboutisse à une véritable pêche miraculeuse.

90. L'utilisation d'un pricer permet de juger de l'état d'un marché. Une modification des cours de 10 % en deux mois doit apporter une plus-value de 20 % au minimum et de 80 % au maximum. Pour un même écart du prix du sous-jacent, sur la même échéance, la comparaison de la rentabilité d'un call et d'un put est très instructive.

Table des matières

Quatrième partie : Pratique de l'ATDMF 2011

Imprimé en Italie par

LTV

LA TIPOGRAFICA VARESE
Società per Azioni
Varese

ISBN : 978-2-7178-6013-9